Marine Néglot

Je cuisine ZÉRO DÉCHET

100 recettes & tutos sans prise de tête

W. BOOKS WITH PASSION

Jeune maman, j'ai véritablement pris conscience de mon impact écologique à la naissance de mon fils. En voulant ce qu'il y a de meilleur pour lui, notamment en termes d'alimentation, je me suis rendu compte que notre mode de consommation n'était pas celui que je voulais lui transmettre.

Si nous consommions des produits issus de l'agriculture biologique ou raisonnée et locaux depuis plusieurs années, je ne prêtais pas nécessairement attention aux emballages des produits que j'utilisais, ni au gaspillage alimentaire auquel nous pouvions céder quelquefois.

Ce livre est l'occasion pour moi de vous proposer des recettes anti-gaspi de saison, ainsi que des conseils pour faire de votre cuisine un espace où il fait bon cuisiner, pour vous, mais aussi pour la planète !

Marine Néglot

Pourquoi ce livre ?

Le gaspillage alimentaire

Chaque année, environ 30 % des aliments produits dans le monde sont jetés, soit plus de 1 milliard de tonnes par an*. En France, cela représente près de 150 kg par habitant par an. Comment pouvons-nous jeter autant lorsqu'on sait qu'un Français sur dix a du mal à se nourrir correctement, à cause d'un salaire trop bas** ?

La moitié du gaspillage alimentaire intervient en amont de la consommation, ce qui veut dire que nous pouvons agir sur l'autre moitié ! D'abord en choisissant des produits de saison, locaux et en achetant directement à nos petits producteurs et artisans plutôt qu'en passant par des industriels. Achetons en vrac pour réduire les quantités en ne prenant que ce dont on a besoin, évitant ainsi la surconsommation. Consommons tout ce qu'il y a dans notre placard avant d'acheter à nouveau, apprenons à lire les étiquettes en faisant, par exemple, la différence entre la DLC (date limite de consommation) et la DLUO (date limite d'utilisation optimale).

> **« Moins de gaspillage, plus de bons produits. Moins de déchets, plus de saisonnalité. »**

Pour profiter pleinement des aliments qui se trouvent dans nos réfrigérateurs et nos placards, il faut aussi redonner envie à tout un chacun de cuisiner.

Les déchets

Le meilleur déchet est celui que l'on ne produit pas. Voici un adage du mouvement zéro déchet, que j'essaye d'appliquer un maximum au quotidien. Outre le gaspillage alimentaire, nous produisons de nombreux déchets en consommant. Que ce soient les protections des aliments ou les produits d'entretien que nous utilisons dans la cuisine et la maison en général.

Acheter en vrac, par exemple, c'est choisir les bonnes quantités, mais c'est aussi éviter un énième produit sous emballage, voire suremballage. Avec cette vision des choses, on tente bien sûr de ne plus acheter de plats tout préparés, et encore une fois c'est le retour à la cuisine qui va nous aider à faire les choses bien, ou mieux en tout cas.

Alors, pourquoi ce livre ?

Je ne suis pas une puriste, je pense être comme la plupart des personnes de ma génération ; j'ai pris conscience que les choses devaient changer, qu'il n'y avait pas de petits gestes et que chacun faisait comme il pouvait. Le but de ce livre n'est pas d'enfermer vos déchets de l'année dans une petite boîte, mais plutôt de trouver des moyens ludiques de désencombrer votre poubelle et d'utiliser pleinement tous les aliments que vous achetez. Car oui, pour la plupart, vous pouvez les rentabiliser au maximum ! Ce livre se veut l'expression de cette nouvelle manière de consommer, en limitant au strict minimum ses déchets alimentaires tout en tirant profit des aliments à 100 % (ou presque).

Parmi les produits les plus gaspillés, arrivent en tête les fruits et légumes, suivis des poissons et fruits de mer. Ceux que l'on gaspille le moins sont les oléagineux, la viande et les produits laitiers. C'est avec ces proportions en tête que j'ai dessiné la trame de ce livre. J'ai choisi de vous proposer des recettes pour les aliments les plus consommés par les Français. Pour chacun d'eux, je vous propose une recette « classique » principale, puis une recette pour cuisiner le produit abîmé ou en fin de vie – lorsque cela est possible – et, enfin, une dernière recette visant à utiliser les restes. Une manière, je l'espère, de vous donner plein d'idées pour consommer jusqu'au bout les délicieux produits de notre terroir. Moins de gaspillage, plus de bons produits. Moins de déchets, plus de saisonnalité.

Il va sans dire que toutes les recettes de ce livre sont à réaliser avec des produits bio et non traités afin de pouvoir consommer les épluchures, par exemple.

Sachant que, depuis toujours, les aliments que nous mangeons peuvent aussi s'utiliser autrement qu'en cuisine, je vous ai préparé une partie de tutoriels et de recettes à utiliser dans votre cuisine et votre salle de bain ! Enfin, pour bien débuter ce livre, j'ai tenu à vous donner quelques conseils pour commencer à adopter un mode de vie zéro déchet tout en douceur !

* Source FAO

** Source ADEME

Un petit mot sur l'auteure...

Marine Néglot, passionnée de cuisine depuis toujours, est mariée et maman d'un petit garçon. Elle partage sur son blog « marineiscooking.com » ses recettes et coups de cœur culinaires depuis 2012.

La cuisine est pour elle une histoire de famille et de partage qu'elle essaye à son tour de transmettre à son fils. C'est d'ailleurs depuis sa naissance qu'elle a pris conscience du rôle qu'elle pouvait avoir à jouer en élevant la génération future. En voulant lui donner le meilleur et le goût des bonnes choses, elle a radicalement changé son mode d'alimentation et de consommation afin de revenir à l'essentiel. Aujourd'hui, le mode zéro déchet fait partie intégrante de son quotidien, notamment dans sa cuisine.

Je cuisine ZÉRO DÉCHET

adopter un mode de vie zéro déchet

Aménager sa cuisine

Avant d'aménager sa cuisine en mode zéro déchet, un tri s'impose. Dans l'idée de consommer de manière plus raisonnée, on ne jette pas tout ce que l'on conservait préalablement dans du plastique, on va plutôt chercher à optimiser tout ce que l'on a déjà. Avant de remplir de jolis bocaux en verre, commencez plutôt par cuisiner tous les produits qui encombrent vos placards afin de vider ces derniers.

On passe ensuite à l'étape du tri, en se séparant de ce que l'on ne veut plus. Dans l'idéal, on ne jette pas, on donne ou on vend, si l'objet a de la valeur.

Récolter des contenants

Pour passer au zéro déchet, et donc à **l'utilisation du vrac et de la collecte des déchets**, il vous faudra des contenants ! Commencez par faire le tour de votre maison et **récoltez tout ce que vous pouvez trouver : bouteilles en verre, pots à confiture, à épices…** Cela vous servira de base pour commencer votre nouvel aménagement. En commençant vos courses, vous verrez peut-être qu'il vous manque des plus gros contenants, pas de panique, **direction Emmaüs ou les brocantes**, si c'est la saison. Nettoyez et stérilisez au besoin ces nouveaux pots avant de les utiliser.

Acheter ?

Il vous manque de la vaisselle dans votre cuisine ? Plutôt que de courir chez un géant de la décoration, **pensez d'abord à la seconde main**. Ce qui est valable pour les contenants l'est aussi pour l'art de la table. Que ce soit en brocante ou chez Emmaüs, on peut facilement trouver **son bonheur à un prix défiant tout concurrence !**
Et quitte à acheter, même de seconde main, **pensez au durable** : investissez plutôt dans des pièces en **verre**, en **bois** ou en **céramique**. Ces objets ont souvent une histoire, un style qui leur est propre, conférant à votre intérieur une allure originale.

Exposer les produits ménagers

Avec le zéro déchet, plus besoin de cacher **un nombre incalculable de produits ménagers** aux couleurs plus criardes les unes que les autres. Les produits dont vous aurez besoin seront très limités et, une fois assemblés, ils pourront être présentés dans de **jolies bouteilles en verre** sans dénaturer votre cuisine. Ainsi, **votre liquide vaisselle, votre lessive, votre produit désinfectant ou vos pastilles lave-vaisselle** pourront prendre place et faire partie intégrante de la décoration de votre cuisine.

Organiser les poubelles

Équipez-vous de **plusieurs poubelles** qui pourront chacune recueillir **des déchets différents**. Une pour le tout-venant, une pour tout ce qui est recyclable comme le carton ou l'aluminium, une pour le verre et, enfin, **un compost**. En effet, même si vous habitez en appartement, vous pouvez désormais trouver de petits composteurs qu'il vous suffira d'aller vider dans des jardins communs ou dans le composteur de votre ville.

Adapter ses ustensiles

Lorsqu'on adapte sa cuisine en mode zéro déchet, il convient d'avoir à portée de main quelques **nouveaux ustensiles** *pour remplacer petit à petit le plastique et les matériaux non recyclables qui se sont introduits chez nous.*

Pour les courses

Les **tote bags** que l'on a tous chez soi – et croyez bien que j'en ai littéralement retrouvé des dizaines chez moi, rangés un peu partout dans la maison ! –, seront **vos meilleurs amis** pour faire vos courses. Mon conseil est d'en avoir **toujours un dans tous les sacs que vous utilisez fréquemment** ; même en cas de course imprévue, vous aurez un sac de secours. Les contenants et **« sacs à vrac »** seront aussi de précieux alliés pour faire **vos courses chez les petits commerçants**.

Pour la conservation

Pour **remplacer le papier aluminium ou le film alimentaire**, tournez-vous vers des solutions alternatives comme **les beewraps** (voir p. 23), ces tissus enduits de cire d'abeille qui, au contact de la chaleur de la main, prennent la forme de l'objet sur lequel ils sont mis. Il y a également **les charlottes en tissu**, qui existent en plusieurs tailles pour être **fixées sur un bol, un pot de yaourt ou un plat à gratin,** par exemple.

Pour la cuisine

Pour cuisiner, préférez des accessoires fabriqués dans des **matériaux durables et naturels**, bois ou inox par exemple. Ils se conservent plus longtemps, ne détériorent pas les aliments que vous manipulez et sont aussi très esthétiques dans votre cuisine !

Pour l'hygiène

Préférez l'utilisation de **produits ménagers maison**. Je vous donne mes recettes fétiches dans les pages suivantes : liquide vaisselle, désinfectant aux agrumes, pastilles lave-vaisselle ou encore lessive. Pour laver votre vaisselle, pensez également à **utiliser un tawashi** (voir p. 22) ou une éponge lavable, qui durera beaucoup plus longtemps qu'une éponge classique. Réalisez-en plusieurs, qui pourront vous servir pour chaque pièce de la maison ! Les **lingettes lavables** sont également très pratiques pour nettoyer la table ou le plan de travail de la cuisine.

Changer sa façon de faire ses courses

Avant de se lancer dans les recettes, il faut forcément passer par l'étape des courses. Et si, en cuisine, on va essayer de limiter les déchets et le gaspillage alimentaire, il est intéressant d'aller plus loin en se mettant aussi en mode zéro déchet pour aller acheter les produits dont on aura besoin. Pour moi, un seul mot-clé : **ANTICIPER !** *Eh oui, car aller faire ses courses la fleur au fusil, c'est revenir à coup sûr avec un sac (réutilisable) de plus alors qu'on en a déjà cinquante à la maison, et sans doute pas mal de produits emballés voire suremballés. Alors, évidemment, il y aura toujours des petites courses imprévues de dernière minute, mais autant que possible, essayons de préparer à l'avance.* **Mon programme est assez simple et se déroule de la manière suivante...**

La liste de courses

Le dimanche, prenez le temps de faire votre **menu de la semaine**, au moins pour tous les soirs ! Réalisez ensuite votre **liste** de courses en essayant d'être le plus **exhaustif** possible pour ne rien oublier. Inspirez-vous, par exemple, des livres de **batch cooking**, ou prenez le temps de replonger dans le livre de recettes familial.

L'équipement

Une fois votre liste de recettes en poche, il ne reste plus qu'à préparer votre « équipement » ! Rassurez-vous, rien de bien compliqué ici. Prévoyez simplement plusieurs **tote bags** – on en a tous des dizaines dans son placard ! –, qui serviront d'autant de sacs pour disposer vos fruits et légumes. Ayez également avec vous des **sacs en tissu** ou pochons refermables pour **le vrac** ; les légumes secs, les pâtes, etc. Pour toute la partie fraîche : viandes, poissons, crème et fromages, pensez à prendre avec vous des **boîtes hermétiques** (propres, il va sans dire !).

Le sourire

Enfin, retrouvez le plaisir de faire vos courses et d'échanger avec **les commerçants de votre quartier**. Car oui, souvent, pour mieux consommer, on fait plusieurs magasins pour trouver des produits de qualité. Votre sourire sera aussi votre meilleure arme au moment de dégainer votre contenant pour que votre boucher, poissonnier ou fromager y dépose son produit sans sourciller. Promis, avec moi ils ne sont plus surpris et sont même ravis de cette nouvelle manière de consommer. Profitez-en pour en savoir plus sur les produits, demandez des **conseils** de dégustation ou de cuisson, et appréciez ces nouvelles **relations humaines** bien agréables ! Le sourire vous servira aussi pour dire **non au sac plastique** ou réutilisable, ou à l'emballage cadeau pas nécessaire, aux cartes de jeux alors que les enfants croulent déjà sous les jouets.

Maintenant à vous de jouer !

C'est souvent dans la cuisine que l'on stocke ses produits ménagers et qu'on les utilise en premier lieu. *Les essentiels de votre ménage s'appelleront désormais :* ***bicarbonate de soude, acide citrique, vinaigre blanc, savon de Marseille, percarbonate de soude, savon noir et, éventuellement, un peu d'huiles essentielles !*** *Plus de surprise, vous saurez exactement ce qu'il y a dans les produits que vous utilisez au quotidien. Pour ma part, je refais ces produits à peu près* ***une fois par mois****, j'y consacre moins d'une heure car toutes ces recettes sont* ***très rapides à réaliser*** *- surtout si on s'y met à plusieurs - et demandent très peu d'ingrédients !*

Tous les produits utilisés sont naturels *et n'exigent pas de matériel dédié. Vos ustensiles de cuisine habituels feront l'affaire, il suffira juste de les nettoyer ensuite.*

pour un ménage éco-responsable

Liquide vaisselle

INGRÉDIENTS

- ***1,5*** *l d'eau chaude*
- ***75*** *g de savon noir*
- ***40*** *g de paillettes de savon de Marseille*
- ***40*** *g de bicarbonate de soude*
- ***40*** *g de cristaux de soude*
- ***20*** *gouttes d'huile essentielle de citron (ou de tea tree)*

POUR
2 L DE PRODUIT

PRÉPARATION
5 MIN

REPOS
20 MIN

MATÉRIEL

- ***Une bouteille en verre*** *(ancienne bouteille de jus de fruits, par exemple)*

1. Faites bouillir l'eau à l'aide d'une bouilloire ou dans une casserole.
2. Déposez le savon noir et les paillettes de savon de Marseille dans un saladier.
3. Versez l'eau bouillante sur les savons et mélangez jusqu'à leur complète dissolution.
4. Ajoutez le bicarbonate et les cristaux de soude, mélangez bien, puis ajoutez l'huile essentielle.
5. Transvasez dans la bouteille en verre et laissez refroidir 20 min. Une fois refroidi, le liquide sera blanc et plus épais, c'est normal !

Bon à savoir

Ce liquide vaisselle ne mousse pas car il ne contient pas de tensio-actifs. Agitez bien avant chaque utilisation !

Pastilles lave-vaisselle

INGRÉDIENTS

- ***200** g de bicarbonate de soude*
- ***200** g de cristaux de soude*
- ***200** g d'acide citrique*
- ***1** pincée de sel*
- ***1** c. à s. d'eau*

POUR
50 PASTILLES ENV.

PRÉPARATION
5 MIN

REPOS
1 NUIT
(LE TEMPS DE BIEN SÉCHER)

MATÉRIEL

- ***Moule à glaçons***

1. Dans un saladier, mélangez le bicarbonate, les cristaux, l'acide citrique et le sel.
2. Une fois tous les ingrédients bien mélangés, ajoutez l'eau et remuez le tout à la cuillère. Une réaction chimique doit se passer et amalgamer les ingrédients entre eux, mais sans se transformer en « éruption » ; si c'est le cas, vous avez mis trop d'eau. L'aspect doit plutôt être grumeleux.
3. Déposez le mélange obtenu dans un moule à glaçons et tassez bien pour qu'il durcisse.
4. Laissez prendre toute la nuit, puis démoulez et stockez dans un contenant en verre.

Bon à savoir

Ces quantités permettent de tenir plus d'un mois, à raison d'une machine par jour !

Lessive

INGRÉDIENTS

- ***1,5** l d'eau bouillante*
- ***50** g de savon noir*
- ***20** g de paillettes de savon de Marseille*
- ***2** c. à s. de bicarbonate de soude*
- ***2** c. à s. de cristaux de soude*
- ***10** gouttes d'huile essentielle de citron ou de tea tree (facultatif)*

POUR
1,5 L DE PRODUIT

PRÉPARATION
5 MIN

REPOS 20 MIN
(LE TEMPS DE LAISSER L'EAU REFROIDIR)

MATÉRIEL

- ***Une bouteille en verre** (ancienne bouteille de jus de fruits, par exemple)*

1. Faites bouillir l'eau à l'aide d'une bouilloire ou dans une casserole.
2. Déposez le savon noir et les paillettes de Savon de Marseille dans un saladier.
3. Versez l'eau bouillante sur les savons et mélangez jusqu'à leur complète dissolution.
4. Ajoutez le bicarbonate et les cristaux de soude, mélangez bien, puis ajoutez éventuellement l'huile essentielle.
5. Transvasez dans la bouteille en verre et laissez refroidir 20 min.

Conseil

Secouez bien avant chaque utilisation et versez directement sur le linge.

Produit désinfectant aux écorces d'agrumes

Un jus d'orange le matin ? Quelques clémentines grignotées pour le goûter ? Ne jetez plus leurs épluchures, mais réalisez un produit désinfectant et assainissant, qui aura une bonne odeur d'agrumes, complètement naturelle ! À utiliser pour nettoyer votre plan de travail, votre évier ou votre table de salle à manger !

INGRÉDIENTS

- ***1*** *l de vinaigre blanc*
- ***Écorces*** *d'agrumes bio / non traitées (citron, orange, etc.)*

POUR
1 L DE PRODUIT

PRÉPARATION
5 MIN

REPOS
10 JOURS

MATÉRIEL

- ***Une bouteille en verre*** *ou un pot en verre style Mason Jar (ou une ancienne bouteille de spray en plastique)*
- ***Un spray*** *à fixer sur la bouteille ou le pot en verre*

1. Versez le vinaigre blanc dans le récipient choisi. Ajoutez les écorces d'agrumes (citron, orange, pamplemousse, etc.).
2. Laissez reposer ainsi pendant une dizaine de jours, en pensant bien à secouer et à retourner le récipient au moins une fois par jour.
3. Filtrez les écorces d'agrumes au-dessus de la bouteille et fixez le spray.
4. Le liquide s'est normalement paré d'une jolie couleur jaune et est prêt à être utilisé.

Éponge tawashi

MATÉRIEL

- ***Un métier à tisser*** *de 15 x 15 cm (voir plus bas)*
- ***Chutes de tissus*** *(t-shirts, chaussettes trouées ou collants filés)*

POUR 1 ÉPONGE

PRÉPARATION 10 MIN

1. Coupez vos collants ou vos chaussettes en bandes dans le sens de la largeur de manière à obtenir des cercles. Pour les t-shirts, coupez dans les manches des bandes de 3 cm de large environ. Vous pouvez garder le reste du t-shirt pour faire des tawashis plus grands, qui pourront vous servir de dessous de plat, par exemple.
2. Commencez par fixer toutes les bandes verticalement sur le métier à tisser, en accrochant les extrémités de chaque bande aux clous qui se font face.
3. Une fois que toutes les bandes verticales sont placées, passez aux bandes horizontales. Prenez une bande et accrochez la première extrémité au clou le plus haut sur le côté gauche du métier à tisser. Faites passer la bande sous la première bande verticale, puis au-dessus de la deuxième bande verticale et procédez ainsi de suite jusqu'au clou côté droit. Faites de même avec la deuxième bande, en la passant d'abord au-dessus puis en-dessous et ainsi de suite. Continuez le tissage des bandes horizontales en faisant toujours l'inverse de la bande précédente.
4. Pour finaliser votre tawashi, tissez les boucles aux extrémités entre elles : décrochez une première boucle et faites passer la boucle se trouvant à côté d'elle à l'intérieur. Passez la troisième boucle dans la deuxième, la quatrième dans la troisième et ainsi de suite.
5. Vous pouvez en laisser une libre pour accrocher votre éponge tawashi dans la cuisine.

Astuces

Réalisez plusieurs éponges tawashis d'un coup, elles pourront vous servir pour différents usages : vaisselle, nettoyage de la douche, etc. Cela vous permettra aussi d'avoir une rotation quand l'une d'entre elles sera sale. Lavez-les à 40 °C ou plus si elles sont très sales.

Métier à tisser maison

Vous pouvez fabriquer vous-même votre métier à tisser avec un morceau de bois et des clous. Prenez un petit cadre ou un morceau de bois à la bonne dimension et plantez des clous fins de 3 cm de diamètre en ligne sur les 4 côtés, en les espaçant de 2 cm à peu près. Veillez bien à ce que les clous soient les uns en face des autres de chaque côté.

Beewrap

INGRÉDIENTS

- ***Chutes de tissu*** *en coton léger*
- ***40*** *g de cire d'abeille en pastille par beewrap*

PRÉPARATION
5 MIN

CUISSON
5 MIN

MATÉRIEL

- ***Ciseaux crantés***

1. Préchauffez le four à 100 °C.
2. Découpez des carrés ou des ronds de tissus aux dimensions des plats que vous voulez protéger. Comptez environ 2 cm de plus que la forme de base pour bien pouvoir fermer le beewrap.
3. Déposez les tissus sur une plaque de cuisson recouverte de papier sulfurisé.
4. Saupoudrez généreusement de pastilles de cire d'abeille.
5. Enfournez pendant 5 min à 100 °C.
6. S'il y a des petits trous sans cire, ajoutez quelques pastilles et enfournez à nouveau pour quelques minutes.
7. Laissez sécher les beewraps à l'air libre, puis rangez-les jusqu'à la première utilisation.

Conseils

Rincez soigneusement vos beewraps à l'eau froide savonneuse entre chaque utilisation. Surtout pas d'eau chaude, elle ferait fondre la cire.

Gommage
au marc de café

INGRÉDIENTS

- ***70*** *g de cire d'abeille*
- ***30*** *cl d'huile d'olive*
- ***3*** *c. à s. de marc de café bien sec*

MATÉRIEL

- ***Moule à savon*** *ou moule à financier*

POUR 2-3 PAINS DE GOMMAGE

PRÉPARATION 5 MIN

CUISSON 10 MIN

REPOS 1 H

1. Faites fondre la cire d'abeille dans une casserole au bain-marie, puis ajoutez l'huile d'olive.
2. Mélangez avec le marc de café et coulez dans le moule.
3. Laissez refroidir 1 h avant de démouler.
4. Utilisez avant la douche sur peau humide.

Baume à lèvres
à la cire d'abeille

Cette recette est adaptée de celle de mon amie Juliette. Elle tient le blog Les Recettes de Juliette, qui regorge de délicieuses recettes végétariennes que je vous recommande !

INGRÉDIENTS

- ***15** ml de beurre de karité*
- ***15** ml d'huile de noyau d'abricot*
- ***10** g de cire d'abeille*
- ***4** gouttes d'huile de germe de blé*
- ***5** gouttes d'huile essentielle de vanille*

POUR
10 BAUMES DE 10ML

PRÉPARATION
5 MIN

CUISSON
5 MIN

MATÉRIEL

- ***Moule à savon** ou moule à financier*

1. Faites fondre le beurre de karité avec l'huile d'abricot et la cire d'abeille dans une casserole.
2. Une fois le tout bien fondu, ajoutez l'huile de germe de blé et l'huile essentielle de vanille.
3. Versez dans des contenants adaptés et laissez refroidir jusqu'à ce que les baumes durcissent.

Masque minute au miel

Vous pouvez vous appliquer du miel – bio, plutôt liquide et de très bonne qualité – directement sur la peau, cela constitue déjà en soi un très bon masque.

INGRÉDIENTS
- **1** c. à c. de miel
- **1** c. à c. d'huile d'olive
- **1** c. à c. de jus de citron

POUR 1 MASQUE

PRÉPARATION 5 MIN

POSE 15 MIN

MATÉRIEL
- **1** bol
- **1** petite cuillère

1. Dans un bol, mélangez le miel, l'huile d'olive et le jus de citron.
2. Appliquez sur une peau nettoyée et séchée.
3. Laissez poser environ 15 min, puis rincez à l'eau chaude.

Masque visage
à l'avocat

Ce masque est surtout préconisé pour régénérer les peaux sèches et sensibles.

INGRÉDIENTS
- ***1/2** avocat*
- ***1** banane*
- ***2** c. à c. de miel*

POUR
1 MASQUE

PRÉPARATION
5 MIN

POSE
10 MIN

1. Dans un bol, mélangez la chair de l'avocat écrasée avec la chair de la banane et le miel.
2. Appliquez sur une peau nettoyée et séchée.
3. Laissez poser 10 min, puis rincez à l'eau chaude.

Astuce

Conservez la peau de banane pour réaliser un banana bread (voir p.46).

cuisiner

zéro déchet

Un quart des denrées alimentaires jetées chaque année concerne les fruits et légumes. ***LES FRUITS****, souvent plus fragiles, peuvent vite s'abîmer et la solution de facilité est de les jeter ! Mais ils sont pour la plupart* ***encore consommables*** *sans le moindre risque sanitaire. De même, les* ***fruits « moches »*** *ou mal calibrés ne seront peut-être pas du plus bel effet sur une tarte, mais ils restent délicieux dans un smoothie ou une confiture !*

Et même si vous mangez la plupart de vos fruits, saviez-vous que la nature est bien faite et que ce que l'on appelle vulgairement les restes, les épluchures ou les queues, peuvent servir dans de nombreuses recettes ?

Découvrez comment cuisiner les fruits les plus consommés en France : une recette « classique », une recette pour utiliser ceux qui sont abîmés et une recette pour accommoder les restes.

Pour réaliser ces recettes, les fruits doivent impérativement être bio ou non traités pour pouvoir être utilisés dans leur intégralité.

les fruits

Cake à l'orange

POUR
6 À 8 PERSONNES

PRÉPARATION
15 MIN

CUISSON
45 MIN

INGRÉDIENTS

- ***4*** *oranges*
- ***50*** *g de sucre semoule*
- ***50*** *g de sucre glace*
- ***50*** *g de cassonnade*
- ***3*** *œufs*
- ***120*** *g de beurre*
- ***250*** *g de farine*
- ***1*** *sachet de levure*

1. Préchauffez le four à 150 °C.
2. Prélevez le zeste de 2 oranges à l'aide d'un zesteur, prélevez les quartiers d'une autre orange et coupez-les en petits morceaux. Enfin, coupez la dernière orange en tranches très fines. Réservez le tout.
3. Dans un saladier, mélangez les différents sucres. Ajoutez le zeste d'orange râpé, puis ajoutez les œufs et fouettez jusqu'à ce que ces derniers blanchissent.
4. Faites fondre le beurre en le passant 30 s au four à micro-ondes et ajoutez-le à la préparation, mélangez bien.
5. Ajoutez la farine et la levure, mélangez en veillant bien à ne pas laisser de grumeaux. Pour terminer, ajoutez les quartiers d'orange en morceaux.
6. Dans un moule préalablement beurré, versez la préparation et enfournez-la. Déposez à côté, sur du papier sulfurisé, les tranches d'orange et saupoudrez-les d'un peu de sucre glace. Laissez cuire le tout 45 min à 150 °C.
7. Une fois le gâteau cuit, laissez-le refroidir sur une grille, ainsi que les tranches d'orange. Disposez ces dernières sur le cake.

Astuce

Pour vérifier la cuisson du cake, enfoncez la pointe d'un couteau dedans ; elle doit ressortir sèche.

BON PLAN ZÉRO DÉCHET

Conservez écorces et épluchures non utilisées des oranges pour d'autres recettes (voir p. 37 à 39).

Marmelade
d'orange

INGRÉDIENTS

- ***Environ 6*** *oranges non traitées à peser*
- ***200*** *g de sucre semoule par kilo de fruit*

POUR 1 GROS POT DE MARMELADE

PRÉPARATION 20 MIN

CUISSON 45 MIN À 1 H

Astuce

À déguster avec des scones maison, par exemple !

1. Nettoyez vos oranges en les brossant légèrement sous l'eau froide afin d'enlever les petites impuretés.
2. Coupez 4 oranges en petits morceaux et réservez-les.
3. Prélevez le jus de 2 oranges et versez-le dans une casserole. Coupez les restes de ces oranges en morceaux et déposez-les dans une mousseline (aussi appelée « gaze »). Fermez-la à l'aide d'un peu de fil de cuisson. Déposez ce petit « bouillon » dans la casserole contenant le jus.
4. Ajoutez le sucre et faites chauffer à feu fort. Dès que le mélange devient un sirop et commence à buller, ajoutez les morceaux d'oranges réservés.
5. Passez sur feu moyen à doux et laissez compoter pendant 45 min à 1 h selon la consistance désirée.
6. Pendant ce temps, stérilisez le pot que vous souhaitez utiliser en le faisant bouillir dans une casserole d'eau pendant 15 min.
7. Versez le mélange obtenu dans le pot, fermez celui-ci puis retournez-le le temps que le mélange refroidisse.

Écorces confites

INGRÉDIENTS

- *Les écorces de **2** oranges non traitées préalablement rincées et brossées*
- ***200** g de sucre semoule*
- ***30** cl d'eau*

POUR 20 ÉCORCES CONFITES ENV.

PRÉPARATION 20 MIN

CUISSON 45 MIN À 1H

① Remplissez une casserole d'eau froide sur environ 3 cm de hauteur.

② Ajoutez-y les écorces et faites-les bouillir pendant 5 min. Arrêtez le feu et laissez complètement refroidir, puis égouttez l'eau.

③ Répétez cette opération 2 fois supplémentaires.

④ Après avoir égoutté vos écorces pour la dernière fois, ajoutez le sucre et les 30 cl d'eau dans la casserole, puis portez à ébullition.

⑤ Dès les premiers frémissements coupez le feu et laissez complètement refroidir.

⑥ Répétez l'opération 2 fois, et laissez refroidir au moins 6 h à couvert à température ambiante.

⑦ Remettez sur feu doux afin que le sucre soit bien liquide et les écorces translucides.

⑧ À l'aide d'un pique, sortez les écorces et déposez-les sur une grille pour les laisser refroidir.

Astuce

Ces écorces confites peuvent se manger telles quelles, mais s'invitent aussi très bien en cuisine pour agrémenter un cake, par exemple !

Tisane
aux écorces d'orange

INGRÉDIENTS
- *Restes d'**épluchures** d'orange*
- *Herbes à tisane séchées (verveine, menthe, etc.)*

POUR 1 PETIT BOCAL DE TISANE
PRÉPARATION 5 MIN
CUISSON 1 H

① Préchauffez le four à 110 °C.

② Étalez les épluchures d'orange sur une plaque allant au four recouverte de papier sulfurisé. Espacez-les suffisament pour qu'elles ne se touchent pas.

③ Faites-les cuire à 110 °C pendant environ 1 h.

④ Vérifiez la cuisson : les écorces doivent se rétracter et s'assécher mais ne doivent pas devenir noires.

⑤ Laissez-les dans le four le temps qu'elles refroidissent complètement.

⑥ Ajoutez ces écorces séchées à vos tisanes d'herbes préférées, comme la verveine par exemple, et consommez dans de l'eau bouillante en laissant infuser 5 min.

Astuces

Les tisanes à base d'écorces d'orange sont excellentes pour la santé, notamment grâce à l'hespéridine qu'elles contiennent, qui aide à lutter contre le mauvais cholestérol.

Muffins
chocolat-banane

POUR
6 PERSONNES

PRÉPARATION
15 MIN

CUISSON
16 MIN

INGRÉDIENTS

- **3** bananes
- **100** g de beurre
- **150** g de sucre semoule
- **2** œufs
- **150** g de farine
- ½ sachet de levure
- **50** ml de lait
- **50** g de chocolat noir (env. 6 carrés)

1. Préchauffez le four à 200 °C.
2. Pelez 2 bananes et écrasez-les à l'aide d'une fourchette dans un bol. Coupez la troisième banane en tranches.
3. Faites fondre le beurre en le passant 30 s à 1 min au four à micro-ondes.
4. Pendant ce temps, mélangez le sucre et les œufs dans un saladier jusqu'à ce que le mélange blanchisse.
5. Ajoutez le beurre fondu, les bananes écrasées et mélangez bien.
6. Mélangez la farine et la levure, puis incorporez-les au mélange précédent jusqu'à obtenir une préparation homogène. Ajoutez le lait.
7. Versez dans des moules à muffins aux deux tiers de la hauteur. Ajoutez 1 carré de chocolat dans chaque muffin ainsi que quelques tranches de banane sur le dessus.
8. Faites cuire 16 min à 200 °C.
9. Sortez du four et laissez refroidir.

BON PLAN **ZÉRO** DÉCHET

Conservez les peaux des bananes pour réaliser un banana bread (voir p. 46).

recette produit abîmé

Pancakes banane

INGRÉDIENTS

- ***2*** *bananes qui noircissent*
- ***90*** *g de Maïzena®*
- ***60*** *g de farine de châtaigne*
- ***½*** *sachet de levure chimique*
- ***25*** *g de sucre semoule*
- ***2*** *œufs*
- ***15*** *cl de lait*
- *Huile de cuisson (tournesol, colza, etc.)*

POUR 4 PERSONNES

PRÉPARATION 10 MIN

CUISSON 30 MIN

Conseil

Servez avec du sirop d'érable ou un peu de miel.

1. Pelez les bananes et écrasez-les dans un bol.
2. Mélangez la Maïzena®, la farine de châtaigne, la levure et le sucre dans un saladier. Réservez.
3. Séparez les blancs des jaunes d'œufs.
4. Montez les blancs en neige bien ferme.
5. Ajoutez les jaunes d'œufs et les bananes écrasées au mélange sec, puis versez le lait petit à petit tout en mélangeant et en veillant à ne pas faire de grumeaux.
6. Incorporez délicatement les blancs en neige.
7. Faites chauffer une poêle avec un peu d'huile et, à l'aide d'une cuillère, réalisez les pancakes. Retournez-les quand des petites bulles commencent à se former à la surface.

Banana Bread

INGRÉDIENTS

- ***3*** *peaux de bananes*
- ***165*** *g de farine*
- ***50*** *g de farine de sarrasin*
- ***1*** *sachet de levure chimique*
- ***1*** *c. à c. de cannelle*
- ***1*** *sachet de sucre vanillé*
- ***65*** *g de sucre brun*
- ***2*** *œufs*
- ***5*** *c. à s. d'huile de tournesol*
- ***175*** *g de crème fraîche*
- ***110*** *g de chocolat coupé en petits morceaux*

POUR 3/4 PERSONNES

PRÉPARATION 10 MIN

CUISSON 1 H 10

1. Préchauffez le four à 180 °C.
2. Coupez les extrémités des peaux de bananes. Dans une casserole d'eau, faites bouillir les peaux pendant 15 min environ, jusqu'à ce qu'il ne reste quasiment plus d'eau. Mixez à l'aide d'un mixeur plongeant, puis réservez.
3. Mélangez la farine, la farine de sarrasin, la levure, la cannelle et les sucres dans un bol.
4. Dans un second bol, mélangez les œufs, l'huile, la crème fraîche et les peaux de banane mixées.
5. Ajoutez le chocolat en morceaux dans le bol contenant les poudres mélangées.
6. Amalgamez les deux préparations sans trop mélanger.
7. Beurrez un moule et versez-y l'appareil aux trois quarts de la hauteur.
8. Faites cuire pendant 45 min à 180 °C. Recouvrez alors le gâteau de papier aluminium et poursuivez la cuisson 10 min supplémentaires.
9. Laissez refroidir.

Clafoutis aux framboises

Le clafoutis est l'un des desserts préférés de mon papa. S'il adore celui à la cerise, il n'a pas laissé une miette de celui-ci !

POUR
6 PERSONNES

PRÉPARATION
15 MIN

CUISSON
40 MIN

INGRÉDIENTS

- **500** g de framboises
- **20** g de beurre (pour le moule)
- **100** g de sucre semoule
- **3** œufs
- **50** g de farine
- **50** g de poudre d'amande
- **40** cl de lait
- **15** cl de crème liquide

1. Préchauffez le four à 200 °C.
2. Rincez les framboises. Beurrez un plat à gratin ou un plat en porcelaine, puis déposez les framboises dedans. Saupoudrez d'environ 20 à 30 g de sucre et réservez le temps de préparer le reste.
3. Dans un saladier, mélangez le reste de sucre et les œufs à l'aide d'un fouet jusqu'à ce que ces derniers blanchissent.
4. Incorporez ensuite la farine et la poudre d'amande en mélangeant bien.
5. Versez le lait et la crème liquide sans cesser de fouetter.
6. Versez délicatement la pâte obtenue dans le moule, sur les framboises, et enfournez pour 40 min. Surveillez bien la cuisson du clafoutis, il doit être légèrement doré.

Gelée de framboises

POUR RÉALISER CETTE RECETTE IL VOUS FAUDRA PESER LA ***QUANTITÉ DE PULPE*** QUE VOUS AVEZ AFIN DE CALCULER LE ***POIDS NÉCESSAIRE EN EAU***, SOIT ***50% DU POIDS DE LA PULPE***.

INGRÉDIENTS

- ***150*** *g de pulpe de framboises obtenue en faisant un jus à l'extracteur par exemple*
- ***75*** *cl d'eau*
- ***30*** *cl de jus de pomme*
- ***350*** *g de sucre cassonade*
- ***1*** *citron*

POUR 2 PERSONNES

PRÉPARATION 15 MIN

CUISSON 15 MIN

BON PLAN ZÉRO DÉCHET

Gardez l'écorce du citron pour réaliser un désinfectant maison (voir p. 21).
Vous pouvez également garder les graines de framboises pour réaliser des savons gommants !

1. Portez à ébullition la pulpe de framboises et l'eau dans une casserole. Filtrez à travers une passette pour retirer les impuretés.
2. Dans une autre casserole, mélangez le jus de framboise ainsi obtenu avec le jus de pomme et le sucre.
3. Faites chauffer jusqu'à 106 °C, puis ajoutez le jus du citron.
4. Versez dans des pots à confiture préalablement stérilisés et retournez-les pour les laisser refroidir.

Liqueur
de noyaux de cerises

INGRÉDIENTS

- **Quelques** *noyaux de cerises*
- **Eau de vie** *à 45°*

À NOTER : IL VOUS FAUDRA **PATIENTER 3 MOIS** AVANT DE POUVOIR DÉGUSTER CETTE LIQUEUR !

POUR 6 PERSONNES

PRÉPARATION 10 MIN

REPOS 3 MOIS

① Nettoyez les noyaux de cerises et concassez-les.

② Dans une bouteille en verre, déposez tous les noyaux de cerises concassés.

③ Remplissez le reste de la bouteille avec l'eau-de-vie.

④ Laissez reposer 3 mois au moins.

⑤ Au bout de ce temps, filtrez et versez le mélange dans une bouteille en verre que vous pourrez fermer hermétiquement.

Soupe froide
de pastèque

POUR
4 PERSONNES

PRÉPARATION
5 MIN

INGRÉDIENTS

- **1** *pastèque*
- **3** *tomates*
- **1** *poivron rouge*
- **2** *gousses d'ail*
- **5** *feuilles de menthe*
- ***Sel***
- ***Poivre***

1. Récupérez la chair de la pastèque. Coupez les tomates et le poivron, pelez l'ail et effeuillez la menthe.
2. Mettez tous les ingrédients dans le bol d'un mixeur, salez, poivrez et mixez.
3. Filtrez le mélange pour obtenir une soupe homogène.
4. Conservez au frais avant de consommer.

Astuce

Vous pouvez déguster cette soupe froide avec une chantilly à base de crème de chèvre.

BON PLAN ZÉRO DÉCHET

Gardez peau, pépins et parures de pastèque pour réaliser une autre recette comme un pétillant de pastèque, par exemple (voir p. 54).

Pétillant de pastèque

INGRÉDIENTS

- ***Tous*** *les restes d'une pastèque : peau, pépins, morceaux entamés*
- ***15*** *cl de rhum*
- ***1*** *gousse de vanille*
- ***150*** *g de sucre de canne + **1 c. à c.***
- ***1*** *l de vin blanc*

CETTE RECETTE NÉCESSITE UN TEMPS DE ***REPOS DE 8 JOURS*** AVANT D'ÊTRE DÉGUSTÉE.

POUR 4 PERSONNES

PRÉPARATION 15 MIN

REPOS 8 JOURS

① Dans un saladier, déposez tous les restes de la pastèque. Arrosez de rhum, puis ajoutez la gousse de vanille coupée en deux et les 150 g de sucre. Laissez macérer 1 nuit à température ambiante, recouvert d'un torchon propre.

② Le lendemain, ajoutez le vin et mélangez bien le tout. Laissez à nouveau macérer pendant 1 semaine.

③ Au bout de ce temps-là, filtrez le mélange. Ajoutez la cuillère de sucre, mélangez, puis versez dans une bouteille à goulot.

④ Entreposez au réfrigérateur pour déguster bien frais !

Bon à savoir

Cette boisson se conserve une semaine au frais.

Pickles de pastèque

INGRÉDIENTS

- ***Le*** *blanc de peau d'une pastèque (env. 500 g)*
- ***1*** *échalote*
- ***10*** *cl d'eau*
- ***20*** *cl de vinaigre de vin*
- ***50*** *g de sucre semoule*
- ***1*** *c. à c. de baies roses*
- ***1*** *c. à c. de sel*

LA SEULE CHOSE QUI NE SE CONSOMME PAS DANS LA PASTÈQUE, C'EST LE VERT DE LA PEAU, IL CONVIENT DONC DE LE RETIRER POUR ***CUISINER LA PEAU BLANCHE***. À NOTER : VOUS NE POURREZ CONSOMMER CES PICKLES QU'APRÈS ***3 SEMAINES DE REPOS***.

POUR 4 PERSONNES — PRÉPARATION 15 MIN — CUISSON 10 MIN — REPOS 3 SEMAINES

① Coupez la peau de la pastèque en bâtonnets, de manière à ce qu'ils tiennent dans le contenant en verre que vous aurez choisi pour préparer ces pickles.

② Épluchez l'échalote, coupez-la en petits morceaux et déposez-les dans le contenant. Ajoutez les bâtonnets de peau de pastèque.

③ Dans une casserole, versez l'eau et le vinaigre, ajoutez le sucre, les baies roses et le sel. Portez à ébullition, puis versez sur les bâtonnets de peau de pastèque.

④ Refermez le contenant et laissez refroidir.

⑤ Mettez au réfrigérateur et attendez 3 semaines avant de consommer.

Gâteau aux pommes

L'une des recettes préférées de mon homme. Je crois qu'il pourrait manger ce gâteau en entier à chaque fois que je le prépare !

POUR
6 PERSONNES

PRÉPARATION
20 MIN

CUISSON
30 MIN

INGRÉDIENTS

- ***3** grosses pommes*
- ***350** g de sucre semoule*
- ***130** g de beurre*
- ***5** œufs*
- ***3** g de sel*
- ***135** g de crème liquide*
- ***10** g de calvados*
- ***245** g de farine*
- ***5** g de levure chimique*

1. Préchauffez le four à 160 °C.
2. Épluchez les pommes, évidez-les, puis coupez-les en tranches d'environ 1 cm d'épaisseur.
3. Faites caraméliser 50 g de sucre dans une poêle jusqu'à l'obtention d'un caramel assez clair. Ajoutez 20 g de beurre, puis les tranches de pommes et faites-les revenir environ 5 min. Laissez refroidir.
4. Beurrez un moule de 24 cm de diamètre et disposez les tranches de pommes de manière à ce qu'elles recouvrent le fond du moule.
5. Fouettez les œufs avec les 300 g de sucre restants et le sel, ajoutez la crème liquide et le calvados.
6. Faites fondre le reste de beurre et incorporez-le au mélange précédent. Ajoutez la farine et la levure et mélangez le tout.
7. Versez la pâte obtenue sur les pommes dans le moule, enfournez et faites cuire pendant 30 min.

recette produit abîmé

Jus de pomme

INGRÉDIENTS

- ***6*** *pommes abîmées*

POUR
4 PERSONNES

PRÉPARATION
5 MIN

POUR RÉALISER CETTE RECETTE, VOUS DEVEZ ÊTRE ÉQUIPÉ D'UN ***EXTRACTEUR DE JUS***.

1. Rincez les pommes et coupez-les grossièrement. Retirez la tige.
2. Faites-les passer à l'extracteur de jus.
3. Récupérez le jus et conservez-le dans des bouteilles en verre, d'anciennes bouteilles de jus, par exemple ! Il se conservera très bien au réfrigérateur 2 à 3 jours.

Astuces

Vous pouvez aromatiser votre jus de pomme avec des herbes fraîches comme de la menthe, par exemple. Saviez-vous que selon la variété de pommes que vous allez utiliser la couleur de votre jus va varier ? De quoi créer de jolies palettes de couleurs !

recette produit abîmé

Granola
aux pommes séchées

INGRÉDIENTS

- **3** pommes abîmées
- **150** g de graines de courge
- **150** g d'amandes effilées
- **100** g d'amandes entières
- **500** g de flocons d'avoine
- **150** g de graines de lin
- **120** g de miel
- **3** c. à s. d'huile neutre
- **1** sachet de sucre vanillé
- **50** g de cranberries séchées
- **4** carrés de chocolats noir

POUR
4 PERSONNES

PRÉPARATION
20 MIN

CUISSON
1 H

Astuces

Ce granola est parfait avec un yaourt à la grecque, à déguster au moment du goûter.

1. Dans un premier temps, faites sécher vos pommes abîmées - tranchées à la mandoline - soit au déshydrateur, si vous avez la chance d'en posséder un, soit au four à 110 °C pendant 1 h 30.
2. Préchauffez le four à 150 °C.
3. Concassez grossièrement les graines de courge, les amandes effilées et les amandes entières. Mettez le tout dans un saladier et ajoutez les flocons d'avoine et les graines de lin. Mélangez délicatement.
4. Dans un bol, mélangez le miel, l'huile et le sucre vanillé. Versez cet appareil sur le précédent et mélangez bien.
5. Disposez le tout sur une plaque de cuisson recouverte de papier sulfurisé en tapissant.
6. Enfournez et faites cuire pendant 1 h, en remuant tous les quarts d'heure afin que le granola cuise uniformément.
7. Sortez du four à l'issue de la cuisson et laissez refroidir.
8. Enfin, ajoutez les cranberries séchées et le chocolat en morceaux.

recette principale

Scones
aux raisins secs

POUR
4 PERSONNES

PRÉPARATION
15 MIN

CUISSON
10 MIN

INGRÉDIENTS

- ***1*** *œuf*
- ***5*** *cl de lait*
- ***220*** *g de farine*
- ***½*** *sachet de levure chimique*
- ***50*** *g de raisins secs*
- ***70*** *g de beurre à température ambiante*

1. Préchauffez le four à 180 °C.
2. Dans un saladier, battez l'œuf et le lait à l'aide d'un fouet. Mettez 2 c. à s. de ce mélange de côté pour en badigeonner les scones avant leur cuisson.
3. Mélangez la farine, la levure et les raisins secs dans un autre saladier. Ajoutez le beurre et incorporez le tout à la main.
4. Versez alors le mélange lait-œuf et mélangez jusqu'à l'obtention d'une pâte homogène.
5. Sur une plaque allant au four recouverte de papier sulfurisé, abaissez la pâte en forme de cercle.
6. Découpez en 8 morceaux, séparez-les, puis badigeonnez-les avec le mélange lait-œuf réservé.
7. Enfournez pour 10 à 12 min à 180 °C.

recette produit abîmé

Clafoutis
aux raisins blancs

INGRÉDIENTS

- ***350** g de raisins blancs*
- ***2** œufs*
- ***60** g de sucre semoule*
- ***15** cl de crème liquide*
- ***60** g de farine*
- ***1** pincée de sel*

POUR
6 PERSONNES

PRÉPARATION
15 MIN

CUISSON
30 MIN

1. Préchauffez le four à 200 °C.
2. Rincez les raisins, puis coupez-les en deux et retirez les pépins.
3. Disposez les morceaux de raisins dans le fond d'un plat à gratin.
4. Dans un saladier, battez les œufs avec le sucre.
5. Ajoutez la crème liquide, la farine et la pincée de sel. Mélangez bien, puis versez dans le plat, sur les raisins.
6. Enfournez pour 30 min.

recette produit abîmé

Confiture
de raisins rouges

INGRÉDIENTS

- ***500** g de raisins rouges bien mûrs*
- ***250** g de sucre semoule*
- *Le jus de **1/2** citron*

POUR
4 POTS DE CONFITURE

PRÉPARATION
10 MIN

CUISSON
1 H

1. Rincez les raisins, puis coupez-les en deux et retirez les pépins.
2. Déposez les fruits dans une casserole et recouvrez avec le sucre. Faites cuire à feu doux environ 20 min, jusqu'à ce que le sucre soit bien liquide.
3. Ajoutez le jus de citron, puis laissez cuire 40 min supplémentaires à feu moyen.
4. Versez dans des pots à confiture préalablement stérilisés et retournez-les pour les laisser refroidir.
5. Conservez au réfrigérateur.

recette principale

Gâteau aux fraises

POUR
6 PERSONNES

PRÉPARATION
15 MIN

CUISSON
45 MIN

INGRÉDIENTS

- ***250*** *g de fraises*
- ***150*** *g de sucre semoule*
- ***3*** *œufs entiers*
- ***125*** *g de yaourt*
- ***150*** *g de beurre fondu*
- ***200*** *g de farine*
- ***1/2*** *sachet de levure*

POUR LE GLAÇAGE

- ***1*** *blanc d'œuf*
- ***100*** *g de sucre glace*
- *Le jus de* ***1/2*** *citron*

1. Préchauffez le four à 180 °C.
2. Lavez et équeutez les fraises. Gardez-en quelques unes entières et coupez les autres en petits morceaux.
3. Mélangez le sucre avec les œufs entiers à l'aide d'un fouet jusqu'à ce que le mélange blanchisse.
4. Ajoutez le yaourt et les fraises coupées en petits morceaux. Incorporez le beurre fondu, puis la farine et la levure. Mélangez bien le tout délicatement.
5. Enfournez et faites cuire 45 min à 180 °C, dans le bas du four.
6. À l'issue de la cuisson, laissez refroidir à température ambiante.
7. Pendant ce temps, préparez le glaçage en mélangeant le blanc d'œuf avec le sucre glace et le jus du citron. Versez le glaçage sur le gâteau et décorez avec quelques fraises entières ou coupées en deux.

BON PLAN ZÉRO DÉCHET

Ne jetez pas les queues des fraises, elles pourront vous servir pour une autre recette comme le sirop de fraise (voir p. 75).

Pizza aux fraises

INGRÉDIENTS

- ***1*** *pâte à pizza maison (à toujours avoir dans son congélateur !)*
- ***150*** *g de fraises un peu molles*
- ***200*** *g de chocolat noir*
- ***15*** *cl de crème liquide*
- ***Quelques*** *feuilles de menthe*

POUR 4 PERSONNES

PRÉPARATION 10 MIN

CUISSON 15 MIN

1. Préchauffez le four à 180 °C.
2. Étalez la pâte à pizza à l'aide d'un rouleau à pâtisserie jusqu'à l'obtention d'un bel ovale.
3. Déposez-la sur une plaque de cuisson recouverte de papier sulfurisé, enfournez et faites cuire 15 min à 180 °C.
4. Pendant ce temps, faites fondre le chocolat noir en morceaux avec la crème liquide dans une casserole à feu moyen. Remuez régulièrement à l'aide d'une cuillère en bois.
5. Sortez la pâte à pizza du four et laissez-la refroidir. Une fois refroidie, tapissez-la de chocolat noir.
6. Lavez et équeutez les fraises, coupez-les en tranches fines et déposez-les sur la pizza en les répartissant bien.
7. Agrémentez de feuilles de menthe.

Astuce

Si vos fraises sont vraiment trop abîmées, vous pouvez les faire cuire un peu sur la pizza en passant le tout 10 min au four à 170 °C. Sinon, dégustez la pizza telle quelle.

BON PLAN ZÉRO DÉCHET

Ne jetez pas les queues des fraises, elles pourront vous servir pour une autre recette comme le sirop de fraise (voir p. 75).

recette restes

Sirop de queues de fraises

POUR CETTE RECETTE, IL FAUT PRÉVOIR UN ***TANT POUR TANT***, C'EST-À-DIRE AVOIR LE ***MÊME DOSAGE*** DE ***QUEUES DE FRAISES***, DE ***SUCRE*** ET ***D'EAU***. AINSI, VOUS POURREZ RÉALISER LA RECETTE EN ADAPTANT ***LES QUANTITÉS EN FONCTION DU POIDS*** DE ***QUEUES DE FRAISES*** QUE VOUS AVEZ AU DÉPART.

INGRÉDIENTS

- ***100*** *g de queues de fraises restant d'une précédente recette* *(p. 71 ou 73, par exemple)*
- ***100*** *g de sucre semoule*
- ***100*** *g d'eau (soit 10 cl)*

POUR 6 PERSONNES

PRÉPARATION 5 MIN

CUISSON 15 MIN

① Rincez les queues de fraises et déposez-les dans une casserole.

② Versez le sucre et l'eau dans la casserole. Portez à ébullition, puis laissez cuire 15 min à feu moyen.

③ Filtrez le sirop obtenu, puis mettez-le dans une bouteille en verre.

Astuce

Vous pouvez utiliser ce sirop dilué dans de l'eau comme un sirop ordinaire, mais aussi pour sucrer d'autres préparations culinaires ou pour imbiber une génoise.

Pêches rôties
au miel et aux pignons

POUR
4 PERSONNES

PRÉPARATION
5 MIN

CUISSON
15 MIN

INGRÉDIENTS

- ***4*** *pêches*
- ***4*** *c. à s. de miel*
- ***1*** *poignée de pignons de pin*
- ***150*** *g de yaourt à la grecque*

1. Préchauffez le four à 180 °C.
2. Rincez les pêches, coupez-les en deux pour retirer le noyau. Conservez les noyaux pour une autre recette.
3. Déposez les 8 demi-pêches sur une plaque allant au four recouverte de papier sulfurisé.
4. Ajoutez 2 c. à s. de miel et les pignons de pin.
5. Enfournez à 180 °C et laissez rôtir pendant 15 min environ. À l'issue de la cuisson, laissez les pêches refroidir un peu.
6. Servez-les tièdes avec le yaourt à la grecque mélangé avec le reste de miel.

BON PLAN
ZÉRO DÉCHET

Ne jetez surtout pas les noyaux des pêches, ils vous serviront à réaliser une liqueur de pêche (voir p. 80).

recette produit abîmé

Thé glacé
à la pêche

POUR
6 PERSONNES

PRÉPARATION
10 MIN

CUISSON
10 MIN

REPOS
1 NUIT

INGRÉDIENTS

- ***4*** *pêches bien mûres*
- ***2*** *l d'eau*
- ***20*** *g de thé noir*
- ***2*** *c. à s. de sucre cassonade*

Astuce

Pour agrémenter votre thé glacé, vous pouvez ajouter des herbes fraîches comme de la menthe.

1. La veille, faites bouillir l'eau. Ajoutez le thé noir et laissez infuser environ 6 min.
2. Ajoutez le sucre et laissez jusqu'à complète dilution.
3. Pendant ce temps, lavez les pêches, dénoyautez-les et coupez-les grossièrement. Déposez-les dans le fond d'une carafe.
4. Filtrez l'eau pour retirer le thé et versez-la dans la carafe. Laissez refroidir, puis mettez la carafe au réfrigérateur pour au moins 1 nuit.
5. Le jour même, ajoutez des glaçons juste avant de servir.

BON PLAN **ZÉRO** DÉCHET

Ne jetez surtout pas les noyaux des pêches, ils vous serviront à réaliser une liqueur de pêche (voir p. 80).

recette restes

Liqueur de noyaux de pêches

INGRÉDIENTS

- ***30*** *noyaux de pêches env.*
- ***1*** *l d'eau-de-vie ou d'alcool à 45°*
- ***20*** *cl d'eau*
- ***300*** *g de sucre semoule*

À NOTER : IL VOUS FAUDRA ***PATIENTER 3 MOIS*** AVANT DE POUVOIR DÉGUSTER CETTE LIQUEUR.

POUR 6 PERSONNES

PRÉPARATION 10 MIN

REPOS 3 MOIS

① Nettoyez les noyaux de pêches et concassez-les.

② Déposez-les dans une bouteille en verre, puis remplissez le reste de la bouteille avec l'eau de vie ou l'alcool à 45°.

③ Laissez reposer 3 mois au moins.

④ Au bout de ce temps-là, filtrez la préparation.

⑤ Préparez un sirop en faisant chauffer l'eau et le sucre dans une casserole.

⑥ Ajoutez ce sirop à la préparation aux noyaux de pêches, puis versez le mélange dans des bouteilles en verre que vous pourrez fermer hermétiquement.

Cheesecake
au kiwi

POUR
6 À 8 PERSONNES

PRÉPARATION
15 MIN

CUISSON
45 MIN

REPOS
12 À 24 H

INGRÉDIENTS

- ***200** g de Petits Beurre®*
- ***70** g de beurre*
- ***500** g de fromage frais type Philadelphia®*
- ***250** g de mascarpone*
- ***150** g de sucre semoule*
- ***2** sachets de sucre vanillé*
- ***20** g de farine*
- ***4** œufs*
- ***6** kiwis*

CE **CHEESECAKE** PEUT AUSSI ÊTRE RÉALISÉ EN ***GRAND FORMAT***. POUR MA PART J'AI CHOISI DE LE FAIRE EN ***PORTIONS INDIVIDUELLES.***

1. La veille, préchauffez le four à 150 °C.
2. Tapissez le fond de moules individuels de papier sulfurisé.
3. Réduisez les Petits Beurre® en miettes. Faites fondre le beurre en le passant 30 s au four à micro-ondes, puis ajoutez-le aux biscuits émiettés et mélangez. Tapissez le fond des moules avec cette préparation.
4. Dans un saladier, fouettez le fromage frais. Incorporez le mascarpone, le sucre semoule, le sucre vanillé et la farine. Le mélange doit devenir lisse.
5. Ajoutez les œufs un à un en mélangeant bien entre chacun d'eux.
6. Versez l'appareil obtenu dans les moules, sur la couche de Petits Beurre®.
7. Enfournez pour 45 min. Recouvrez les cheesecakes de papier aluminium 10 min avant la fin de la cuisson pour éviter que le dessus ne grille trop.
8. Laissez-les ensuite 1 h dans le four éteint.
9. Placez au réfrigérateur 1 nuit minimum, 24 h dans l'idéal.
10. Le jour même, démoulez les cheesecakes.
11. Pelez les kiwis, puis coupez-les en tranches et disposez-les sur le dessus des gâteaux.

Conseil

Attention à la cuisson, tout dépend de votre four ! Il faut que les cheesecakes aient gonflé et que le centre ne bouge presque plus lorsque l'on secoue le moule.

recette produit abîmé

Smoothie au kiwi

INGRÉDIENTS

- **6** *kiwis*
- **2** *bananes*
- **2** *yaourts*
- **2** *verres de jus d'orange*
- **1** *pincée de gingembre en poudre*

POUR
4 PERSONNES

PRÉPARATION
5 MIN

BONS PLANS ZÉRO DÉCHET

La peau des fruits peut être consommée dans d'autres recettes, ne la jetez pas systématiquement. Conservez les peaux des bananes pour confectionner un banana bread (voir p. 46), par exemple, et celles des kiwis pour en faire des crackers (voir ci-contre).

1. Pelez les kiwis et les bananes. Conservez toutes les peaux.
2. Mixez la chair des fruits avec les yaourts et le jus d'orange dans un blender.
3. Ajoutez le gingembre.
4. Dégustez bien frais.

Crackers
de peaux de kiwis

INGRÉDIENTS

- *La peau de **6** kiwis*
- ***40** g de sucre cassonade*
- *Le jus de **1** citron*

CES **CRACKERS** SUCRÉS SONT DE VRAIS BONBONS ***QUI COLLENT AUX DENTS***.

POUR 4 PERSONNES

PRÉPARATION 5 MIN

CUISSON 3 H 10

1. Dans une casserole, faites fondre le sucre avec le jus de citron à feu doux.
2. Ajoutez les peaux de kiwis en lanières et laissez-les cuire environ 10 min. Il faut qu'elles confisent légèrement.
3. Retirez-les du feu et déposez-les sur une plaque de cuisson recouverte de papier sulfurisé.
4. Faites cuire à 50 °C pendant 3 h.

Astuce

Si vous possédez un déshydrateur, utilisez-le.

Comme les fruits, **les légumes** *font partie des aliments que nous gâchons le plus. Mais aussi de ceux que l'on* **cuisine** *souvent de la même manière. Cette partie a pour but de remplir deux objectifs : d'une part de répondre à la sempiternelle question « Qu'est-ce qu'on mange ce soir ? » et, surtout, de vous proposer* **de bonnes recettes** *à réaliser avec des légumes un peu abîmés et leurs restes !* **Épluchures, feuilles, fanes**… *tout y passe pour se régaler !*

Les légumes proposés dans cette partie font partie de ceux les plus consommés par les Français. Toutes les recettes sont donc accessibles et vous donneront des idées pour chaque saison (retrouvez le tableau de saisonnalité p. 216).

N'oubliez pas de choisir des légumes bio et non traités pour pouvoir les utiliser dans leur intégralité.

les légumes

Fondue de poireaux

POUR
4 PERSONNES

PRÉPARATION
10 MIN

CUISSON
35 MIN

INGRÉDIENTS

- ***6*** *poireaux*
- ***1*** *petit oignon*
- ***50*** *g de beurre*
- ***3*** *c. à s. de crème fraîche*
- ***Sel***
- ***Poivre***

1. Coupez les poireaux en deux et prenez soin de bien les rincer à l'eau pour éliminer toutes les impuretés.
2. Coupez-les en tronçons.
3. Épluchez l'oignon et émincez-le finement.
4. Dans une poêle, faites fondre le beurre, puis ajoutez-y les poireaux et l'oignon.
5. Laissez cuire à feu moyen pendant 35 min à couvert.
6. Juste avant de servir, ajoutez la crème fraîche et assaisonnez avec du sel et du poivre.

BON PLAN **ZÉRO** DÉCHET

Récupérez les parures des poireaux pour d'autres recettes : le vert pourra se cuisiner en soupe (voir p. 90) et les radicelles peuvent être frites (voir p. 91).

Soupe verte de poireaux

INGRÉDIENTS

- *Le vert de **6** poireaux*
- ***2** pommes de terre*
- ***2** c. à s. de crème fraîche*
- ***1** pincée de curry*

POUR 2 PERSONNES

PRÉPARATION 15 MIN

CUISSON 20 MIN

① Lavez puis épluchez les pommes de terre. Coupez-les en dés.

② Lavez les verts de poireaux.

③ Faites bouillir une casserole d'eau, puis déposez-y tous les légumes. Laissez cuire environ 20 min.

④ Retirez du feu, puis mixez le tout avec un fond d'eau de cuisson, à l'aide d'un mixeur plongeant.

⑤ Ajoutez la crème fraîche et le curry.

Radicelles frites

INGRÉDIENTS

- *Les radicelles de* ***6*** *poireaux*
- ***1*** *c. à s. de farine*
- ***6*** *c. à s. d'huile de colza*
- ***Sel***
- ***Poivre***

POUR 4 PERSONNES · PRÉPARATION 10 MIN · CUISSON 5 MIN · REPOS 20 MIN

1. Plongez les radicelles dans un bol d'eau froide pendant au moins 20 min.
2. Nettoyez-les soigneusement et séchez-les.
3. Faites bouillir une petite casserole d'eau et laissez-y blanchir les radicelles pendant 2 min.
4. Égouttez-les, saupoudrez-les de farine, puis faites-les cuire dans l'huile de colza très chaude.

Conseil

Servez sur une soupe, par exemple, cela lui apportera du croquant.

Salade composée

POUR
3 À 4 PERSONNES

PRÉPARATION
10 MIN

CUISSON
35 MIN

INGRÉDIENTS

- ***1*** *grosse patate douce*
- ***2*** *c. à s. d'huile d'olive*
- ***3*** *feuilles de laurier*
- ***100*** *g de pignons de pin*
- ***100*** *g de graines de courge*
- ***1*** *salade*
- ***1*** *bûche de chèvre cendrée*
- ***Sel***
- ***Poivre***

POUR LA VINAIGRETTE

- ***1*** *c. à s. de moutarde*
- ***2*** *c. à s. de vinaigre de miel*
- ***5*** *c. à s. d'huile de tournesol*
- ***1*** *échalote*
- ***Sel***
- ***Poivre***

1. Épluchez puis rincez la patate douce. Taillez-la en petits cubes et faites cuire 15 min dans 1 l d'eau bouillante.
2. Préchauffez le four à 210 °C.
3. Égouttez les cubes de patate douce, puis placez-les sur une plaque de cuisson recouverte de papier sulfurisé. Versez l'huile d'olive sur le tout, ajoutez les feuilles de laurier, salez et poivrez. Enfournez pour 15 min à 210 °C.
4. Pendant ce temps, faites revenir à feu vif les pignons de pin et les graines de courge pendant 4 à 5 min.
5. Lavez et essorez la salade, ajoutez le chèvre émietté, les graines de courge, les pignons de pin et les morceaux de patate douce rôtis.
6. Préparez la vinaigrette en mélangeant la moutarde avec le vinaigre de miel. Ajoutez l'huile de tournesol, salez et poivrez. Pelez et émincez l'échalote, puis ajoutez-la.
7. Versez la vinaigrette sur la salade au dernier moment, juste avant de servir.

recette produit abîmé

Pesto de salade

INGRÉDIENTS

- ***1*** *salade verte défraîchie*
- ***100*** *g de parmesan*
- ***2*** *gousses d'ail*
- ***80*** *g d'huile d'olive*
- ***150*** *g de pignons de pin*
- ***1*** *c. à s. de fromage blanc*
- ***Sel***
- ***Poivre***

POUR
1 POT DE PESTO

PRÉPARATION
5 MIN

Astuces

Si la texture est trop épaisse, ajoutez un peu d'huile d'olive.
Si la texture est trop liquide, ajoutez des pignons de pin et/ou du parmesan.

1. Lavez la salade et coupez-la grossièrement.
2. Râpez le parmesan et pelez les gousses d'ail.
3. Mixez tous les ingrédients ensemble à l'aide d'un mixeur plongeant.
4. Mettez le pesto obtenu dans un pot hermétique et conservez 4 jours au réfrigérateur. Dégustez avec un plat de pâtes.

recette produit abîmé

Lasagnes de salade

INGRÉDIENTS

- **1** salade défraîchie
- **1** paquet de plaques à lasagnes
- **1** oignon
- **1** c. à s. d'huile d'olive
- **1** bûche de chèvre

POUR LA BÉCHAMEL

- **60** g de beurre
- **60** g de farine
- **75** cl de lait
- **1** pincée de noix de muscade
- **150** g de parmesan râpé
- **Sel**
- **Poivre**

BLUFFEZ VOS INVITÉS AVEC CES LASAGNES ZÉRO DÉCHET !

POUR 6 PERSONNES

PRÉPARATION 20 MIN

CUISSON 30 MIN

1. Lavez la salade et coupez-la grossièrement. Pelez l'oignon et émincez-le.
2. Dans une casserole, déposez l'huile d'olive et faites revenir l'oignon, puis la salade. Faites cuire le tout comme des épinards. Quand la salade a bien réduit, retirez du feu et réservez.
3. Préparez la béchamel en commençant par faire fondre le beurre dans une casserole. Ajoutez la farine et mélangez bien à l'aide d'un fouet. Ajoutez le lait et portez à ébullition tout en fouettant. Ajoutez ensuite la muscade et le parmesan, salez et poivrez. Réservez.
4. Préchauffez le four à 180 °C.
5. Montez les lasagnes : commencez par déposer une couche de béchamel dans le fond d'un plat à gratin. Ajoutez des tranches de chèvre, de la salade cuite, de la béchamel, puis recouvrez de plaques de lasagnes.
6. Répétez l'opération jusqu'en haut du plat. Terminez par une couche de béchamel, une plaque de lasagnes et une dernière couche de béchamel.
7. Couvrez le plat à gratin de papier aluminium et faites cuire pendant 20 min à 180 °C. Enlevez le papier aluminium et faites gratiner 5 à 10 min.

Tarte
tomate-moutarde

POUR
6 PERSONNES

PRÉPARATION
15 MIN

CUISSON
20 MIN

INGRÉDIENTS

- ***3*** *tomates*
- ***1*** *pâte brisée*
- ***2*** *c. à s. de moutarde*
- ***3*** *œufs*
- ***1*** *c. à s. de crème fraîche*
- ***Sel***
- ***Poivre***

LES ***TARTES AUX LÉGUMES*** SONT TOUJOURS UNE BONNE IDÉE, SURTOUT AVEC LE PETIT PLUS QUE M'A TRANSMIS MA MAMAN : ***LE FOND MOUTARDÉ !***

1. Préchauffez le four à 180 °C.
2. Déposez la pâte brisée dans un moule à tarte, puis piquez-la à l'aide d'une fourchette.
3. Badigeonnez le fond de tarte de moutarde.
4. Lavez les tomates, puis taillez-les en rondelles. Disposez-les dans le fond de tarte, sur la couche de moutarde.
5. Battez les œufs avec la crème fraîche à l'aide d'un fouet, salez et poivrez. Versez l'appareil obtenu sur les tomates.
6. Enfournez et laissez cuire environ 20 min à 180 °C.
7. Dégustez cette tarte encore bien chaude et accompagnée d'une salade.

Conseil

Pour une petite note d'Italie dans votre assiette, servez cette tarte avec une burrata.

recette produit abîmé

Sauce tomate
maison

INGRÉDIENTS

- ***8*** *tomates*
- ***2*** *céleris-branches*
- ***2*** *c. à s. d'huile d'olive*
- ***5*** *feuilles de basilic*
- ***5*** *feuilles de persil*
- ***1*** *c. à s. de sucre cassonade*
- ***1*** *pincée de piment d'Espelette*
- ***Sel***
- ***Poivre***

POUR
4 POTS DE SAUCE

PRÉPARATION
10 MIN

CUISSON
2 H 20

Conseil

Il est important de vérifier de temps à autre la cuisson, en remuant et écrasant les tomates au fur et à mesure.

1. Commencez par monder les tomates : faites une incision en forme de croix sur le dessus de chacune d'elles et faites-les cuire 2 min dans 1 l d'eau bouillante. Égouttez-les, puis passez-les sous l'eau froide tout en enlevant leur peau. Coupez-les en deux.
2. Enlevez les extrémités du céleri-branche, feuilles et bas, puis coupez en petits carrés.
3. Dans une casserole, faites revenir l'huile d'olive, ajoutez les tomates coupées en deux – vous pouvez enlever les pépins si vous le souhaitez –, le céleri-branche, les feuilles de basilic et de persil coupées grossièrement, ainsi que le sucre et le piment d'Espelette.
4. Faites cuire à feu moyen pendant 20 min environ.
5. Laissez ensuite confire à feu doux pendant 2 h environ, en surveillant régulièrement la cuisson.
6. À la fin de la cuisson, passez très rapidement au blender, quelques secondes seulement. Mixez les herbes ou les morceaux de céleri récalcitrants mais pas plus de 1 min pour ne pas faire émulsionner la sauce.
7. Assaisonnez à votre goût.

Astuces

Lorsque vous mondez les tomates, conservez les peaux pour en faire de la poudre de tomate (voir p. 103).

Poudre de tomate

INGRÉDIENTS

- ***Peaux de tomates*** *(celles récoltées lorsque vous confectionnez une sauce tomate comme p. 101, par exemple)*

POUR
1 PETIT POT

PRÉPARATION
5 MIN

CUISSON
1 NUIT

1. La veille, séchez bien les peaux de tomates à l'aide d'un essuie-tout.
2. Déposez-les sur une plaque de cuisson recouverte de papier sulfurisé en les espaçant légèrement.
3. Faites cuire 1 nuit à 60 °C.
4. À l'issue de la cuisson, laissez refroidir ; les peaux doivent être bien dures et cassantes.
5. Mixez-les afin d'obtenir une poudre fine.
6. Conservez dans un pot hermétique.

Astuce

Vous pouvez utiliser cette poudre pour agrémenter une sauce, des pâtes ou un gratin !

recette principale

Velouté de carottes
aux lentilles corail

POUR
4 PERSONNES

PRÉPARATION
10 MIN

CUISSON
30 MIN

INGRÉDIENTS

- ***6** ou **7** carottes*
- ***1** petite pomme de terre*
- ***1** oignon*
- ***150** g de lentilles corail*
- ***50** g de lait de coco*
- ***Huile** d'olive*
- ***Sel** de Guérande*
- ***Poivre***
- ***Coriandre***

1. Épluchez les carottes, la pomme de terre et l'oignon, puis coupez-les grossièrement en morceaux.
2. Dans une casserole, faites-les revenir avec un peu d'huile d'olive pendant 5 à 10 min.
3. Remplissez ensuite d'eau à hauteur, puis portez à gros bouillon avec une pincée de sel de Guérande. Ajoutez les lentilles corail. Laissez cuire 20 min environ.
4. Mixez, ajoutez le lait de coco, salez et poivrez si besoin.
5. Dégustez chaud avec quelques feuilles de coriandre ciselées.

BON PLAN
ZÉRO DÉCHET

Conservez les épluchures et les fanes des carottes pour d'autres recettes (voir p. 106 à 111).

Carrot cake

INGRÉDIENTS

- ***4*** *carottes*
- ***130*** *g de sucre brun*
- ***1*** *sachet de sucre vanillé*
- ***12*** *cl d'huile de tournesol*
- ***4*** *œufs*
- *Le jus et le zeste de* ***1*** *orange*
- ***240*** *g de farine*
- ***1*** *sachet de levure*
- ***4*** *c. à c. de mélange quatre-épices*
- ***2*** *c. à s. de noix en petits morceaux*
- ***2*** *c. à s. de raisins secs*
- ***300*** *g de fromage frais type Philadelphia®*
- ***150*** *g de sucre glace*

POUR
6 À 8 PERSONNES

PRÉPARATION
10 MIN

CUISSON
40 MIN

Variante

Vous pouvez également réaliser des gâteaux individuels en faisant cuire la pâte dans un moule à muffins.

Astuces

Vérifiez la cuisson du gâteau en plantant un couteau au centre ; la lame doit ressortir propre. Vous pouvez le conserver une nuit au réfrigérateur dans une boîte hermétique ou recouvert de papier aluminium.

1. Préchauffez le four à 180 °C.
2. Mélangez le sucre brun, le sucre vanillé, l'huile, les œufs, le jus et le zeste de l'orange.
3. Mélangez la farine, la levure et les épices, puis ajoutez le tout à la préparation liquide. Râpez les carottes et ajoutez-les, ainsi que les fruits secs, à l'appareil.
4. Beurrez et sucrez un moule, puis versez-y la pâte. Enfournez pour 40 min à 180 °C.
5. À l'issue de la cuisson, laissez refroidir. Pendant ce temps, mélangez le Philadelphia® avec le sucre glace.
6. Coupez le gâteau en deux dans le sens de la hauteur et étalez la moitié du mélange au Philadelphia® sur la moitié inférieure. Reposez la seconde moitié.
7. Déposez le reste du mélange au Philadelphia® sur le sommet du gâteau et saupoudrez un peu de mélange quatre-épices.

Tarte salée
aux fanes de carottes

INGRÉDIENTS

- ***Les fanes** de vos restes de carottes* *(voir p. 104)*
- ***1** oignon*
- ***50** g de beurre*
- ***1** pâte brisée*
- ***3** œufs*
- ***20** cl de crème liquide*
- ***100** g de fromage (comté, chèvre, etc. ; à adapter selon votre goût)*
- ***Sel***
- ***Poivre***

CETTE RECETTE PEUT ÊTRE RÉALISÉE AVEC LES FANES D'UNE RECETTE UTILISANT ***4 OU 5 CAROTTES.***

POUR 6 PERSONNES

PRÉPARATION 10 MIN

CUISSON 45 MIN

① Lavez les fanes de carottes et coupez les tiges si elles sont trop épaisses. Hachez-les grossièrement. Pelez et émincez l'oignon.

② Dans une poêle, faites fondre le beurre, puis faites-y revenir l'oignon et les fanes sur feu moyen pendant une dizaine de minutes. Elles doivent avoir l'aspect de feuilles d'épinard cuites.

③ Préchauffez le four à 180 °C. Pendant ce temps, étalez la pâte brisée dans un moule à tarte.

④ Mélangez les œufs avec la crème, puis salez et poivrez l'appareil. Ajoutez l'oignon et les fanes cuites et mélangez à nouveau.

⑤ Dans le fond du moule, disposez la moitié du fromage – râpé ou coupé en dés, selon votre préférence.

⑥ Versez par dessus l'appareil aux fanes de carottes et ajoutez le reste de fromage.

⑦ Faites cuire à 180 °C pendant 35 min.

⑧ Dégustez la tarte chaude ou tiède, avec une salade ou un velouté de légumes !

VOICI 2 EXEMPLES DE RECETTES QUE VOUS POUVEZ RÉALISER POUR UTILISER ***LES ÉPLUCHURES DE VOS CAROTTES*** – ATTENTION, CELLES-CI DOIVENT AVOIR ÉTÉ BIEN LAVÉES, BROSSÉES ET SÉCHÉES.

Chips d'épluchures de carottes

INGRÉDIENTS

- ***Épluchures*** *de carottes*
- ***Huile*** *neutre*
- ***Sel***
- ***Poivre***
- ***Quelques*** *épices à choisir selon votre goût*

POUR 4 PERSONNES

PRÉPARATION 5 MIN

CUISSON 5 MIN

Conseil

Je vous suggère d'assaisonner ces chips avec un peu de curry, par exemple, c'est délicieux. Dégustez-les le jour même, sinon elles risquent de ramollir.

1. Faites chauffer l'huile dans une poêle à bord épais. Elle doit former une couche de 1 cm de haut.
2. Pour savoir si elle est assez chaude, déposez-y une épluchure : elle doit être entourée de petites bulles et se rétracter légèrement. Ajoutez alors les autres épluchures et laissez cuire quelques minutes.
3. Récupérez les chips et déposez-les sur du papier absorbant pour retirer l'excédent de gras.
4. Assaisonnez avec du sel, du poivre et, éventuellement, les épices de votre choix.
5. Dégustez à l'apéritif.

Bouillon
aux épluchures de carottes

INGRÉDIENTS

- ***Épluchures*** *de carottes*
- ***Herbes*** *séchées (thym, romarin, etc.)*

POUR 1 BOUILLON

PRÉPARATION 10 MIN

CUISSON 1 H

① Faites sécher les épluchures de carottes au four à 110 °C pendant 1 h.

② Retournez-les à mi-cuisson pour qu'elles soient bien sèches des deux côtés.

③ Laissez refroidir, puis ajoutez des herbes aromatiques séchées et enfermez le tout dans de la gaze.

④ Utilisez en infusion pour parfumer vos bouillons.

Gratin de courgettes

POUR
4 PERSONNES

PRÉPARATION
15 MIN

CUISSON
45 MIN

INGRÉDIENTS

- ***5*** *courgettes*
- ***60*** *g de beurre*
- ***60*** *g de farine*
- ***75*** *cl de lait*
- ***1*** *pincée de noix de muscade*
- ***150*** *g de parmesan râpé*
- ***Sel***
- ***Poivre***

JE VOUS LIVRE ICI ***LA RECETTE DE MA MAMAN***, CELLE QU'ON LUI RÉCLAME À CHAQUE REPAS DE FAMILLE !

1. Lavez les courgettes et coupez-les en rondelles. Faites-les cuire dans 1 l d'eau bouillante pendant 10 min.
2. Pendant ce temps, préparez la béchamel en commençant par faire fondre le beurre dans une petite casserole. Ajoutez la farine et mélangez bien à l'aide d'un fouet.
3. Ajoutez le lait et portez à ébullition tout en fouettant. Ajoutez ensuite la muscade et le parmesan, salez et poivrez. Réservez.
4. Préchauffez le four à 180 °C.
5. Égouttez les courgettes et déposez-les dans un plat à gratin. Versez la béchamel par-dessus.
6. Enfournez pour 35 min. Vérifiez la cuisson de temps en temps, le dessus doit être bien gratiné.

Pickles de courgettes

INGRÉDIENTS

- ***1*** *courgette un peu abîmée*
- ***1*** *pincée de grains de poivre*
- ***1*** *pincée de baies roses*
- ***150*** *g d'eau*
- ***5*** *g de sel*
- ***5*** *g de sucre cassonade*
- ***10*** *g de vinaigre blanc*

POUR
4 PERSONNES

PRÉPARATION
15 MIN

CUISSON
5 MIN

REPOS
2 À 3 JOURS

CETTE RECETTE EST PARFAITE POUR NE PAS PERDRE UNE ***COURGETTE*** EN FIN DE VIE ***OUBLIÉE*** DANS LE BAC À LÉGUMES. PRÉVOYEZ ***2 À 3 JOURS DE REPOS*** AVANT DE POUVOIR DÉGUSTER CES PICKLES.

1. Lavez un bocal en verre, puis stérilisez-le.
2. Rincez la courgette et coupez-la en fines tranches dans le sens de la longueur. Si vous pouvez utiliser une mandoline, elle vous assurera une finesse sans pareille.
3. Déposez les tranches obtenues dans le bocal, ajoutez-y les grains de poivre et les baies roses.
4. Portez l'eau à ébullition avec le sel et le sucre. Retirez du feu et ajoutez le vinaigre. Mélangez bien.
5. Versez sur les tranches de courgettes jusqu'à les recouvrir totalement.
6. Fermez hermétiquement et laissez reposer 2 à 3 jours au réfrigérateur.

Astuces

Dégustez ces pickles dans un burger maison, succès assuré ! Vous pouvez les consommer dans les 3 semaines !

Muffins
aux épluchures de courgettes

INGRÉDIENTS

- *Les épluchures de **3** courgettes*
- ***150** g de farine*
- ***½** sachet de levure*
- ***2** œufs*
- ***3** c. à s. de lait*
- ***75** g de beurre*

POUR 6 PERSONNES

PRÉPARATION 10 MIN

CUISSON 12 À 15 MIN

① Préchauffez le four à 200 °C.

② Coupez finement les épluchures de courgettes afin de les réduire en petits morceaux.

③ Dans un saladier, mélangez la farine et la levure.

④ Ajoutez les œufs, le lait et le beurre fondu, puis mélangez bien.

⑤ Incorporez les morceaux d'épluchures de courgettes.

⑥ Versez la préparation dans les empreintes d'un moule à muffins préalablement beurrées.

⑦ Enfournez et laissez cuire 12 à 15 min à 200 °C.

⑧ Dégustez froids, tièdes ou même chauds !

Chou-fleur rôti

POUR
4 PERSONNES

PRÉPARATION
10 MIN

CUISSON
45 MIN

INGRÉDIENTS

- ***1*** *chou-fleur*
- ***5*** *c. à s. d'huile d'olive*
- ***1*** *c. à c. de curry*
- ***1*** *pincée de graines de sésame blond*
- ***Sel***
- ***Poivre***

1. Préchauffez le four à 220 °C.
2. Retirez le pied et les feuilles du chou-fleur et conservez-les pour d'autres recettes.
3. Rincez le chou-fleur, puis séchez-le bien à l'aide d'un linge propre. Déposez-le entier sur une plaque de cuisson ou dans un grand plat à gratin.
4. Dans un saladier, mélangez l'huile d'olive, le curry et les graines de sésame. Salez et poivrez.
5. À l'aide d'un pinceau, badigeonnez le chou-fleur du mélange précédent.
6. Enfournez et faites cuire 45 min à 220 °C. Pendant la cuisson, arrosez régulièrement le chou-fleur avec le mélange d'huile qui aura coulé, il doit être bien imbibé.
7. Dégustez chaud.

Astuce

Ce chou-fleur rôti est délicieux accompagné d'une sauce au yaourt et au citron.

BON PLAN ZÉRO DÉCHET

Conservez les feuilles et le pied du chou-fleur pour réaliser respectivement un wok (voir p. 120) et une purée (voir p. 122).

recette restes

Feuilles de chou-fleur au wok

INGRÉDIENTS

- *Les feuilles restantes de **1** chou-fleur*
- ***2** gousses d'ail*
- ***2** c. à s. d'huile d'olive*
- ***1** c. à c. de gingembre en poudre*
- ***50** g de beurre*
- ***Sel***
- ***Poivre***

POUR 2 PERSONNES

PRÉPARATION 10 MIN

CUISSON 30 MIN

① Lavez soigneusement les feuilles du chou-fleur, puis émincez-les finement. Plus elles seront petites et fines, plus la cuisson sera rapide.

② Pelez les gousses d'ail.

③ Dans un wok, faites chauffer l'huile d'olive, ajoutez l'ail et le gingembre. Ajoutez les feuilles de chou-fleur émincées. Faites revenir l'ensemble 5 min, puis salez et poivrez.

④ Ajoutez un fond d'eau et laissez cuire 15 min environ, jusqu'à ce que l'eau s'évapore.

⑤ Une fois que l'eau est complètement évaporée, ajoutez le beurre et faites à nouveau revenir les feuilles de chou-fleur.

Astuce

Une fois préparées, ces feuilles de chou-fleur peuvent se déguster telles quelles ou venir agrémenter un bouillon, thaï par exemple.

recette restes

Purée
de pied de chou-fleur

INGRÉDIENTS

- *Le pied de* ***1*** *chou-fleur*
- ***2*** *pommes de terre*
- ***1*** *oignon*
- ***50*** *g de beurre*
- ***2*** *c. à s. de crème fraîche*
- ***Sel***
- ***Poivre***

POUR 2 PERSONNES

PRÉPARATION 10 MIN

CUISSON 25 MIN

① Lavez soigneusement le pied du chou-fleur en retirant éventuellement la base si elle est trop abîmée. Coupez-le en petits tronçons.

② Pelez les pommes de terre et coupez-les en petits morceaux.

③ Pelez et émincez l'oignon.

④ Dans une casserole, faites fondre le beurre, puis faites revenir le pied du chou-fleur, les pommes de terre et l'oignon pendant 10 min environ.

⑤ Couvrez d'eau à hauteur et laissez bouillir 15 min.

⑥ Videz une partie de l'eau selon la texture de souhaitée. Ajoutez la crème fraîche, puis salez et poivrez à votre convenance.

Courge rôtie
à la feta

POUR
4 PERSONNES

PRÉPARATION
10 MIN

CUISSON
25 MIN

INGRÉDIENTS

- ***1*** *courge de type butternut ou muscade*
- ***5*** *c. à s. d'huile d'olive*
- ***200*** *g de feta*
- ***2*** *gousses d'ail*
- ***5*** *feuilles de laurier*
- ***Sel***
- ***Poivre***

LA PEAU DE LA COURGE **SE CUISINE** TRÈS BIEN : N'HÉSITEZ PAS À BIEN **LA LAVER ET LA FROTTER** SI NÉCESSAIRE, PUIS À LA FAIRE **CUIRE ENTIÈRE**. DE MÊME POUR VOS VELOUTÉS !

1. Préchauffez le four à 220 °C.
2. Lavez soigneusement la courge. Coupez-la en tranches régulières d'environ 5 mm d'épaisseur.
3. Retirez les graines, puis disposez les tranches dans un plat à gratin ou directement sur une plaque allant au four.
4. Arrosez d'huile d'olive, puis émiettez la feta par-dessus.
5. Épluchez les gousses d'ail, écrasez-les, puis disposez-les parmi les morceaux de courge.
6. Ajoutez des feuilles de laurier, salez et poivrez.
7. Faites cuire 25 min à 220 °C. Vérifiez la cuisson; la chair de la courge doit être très tendre.

BON PLAN **ZÉRO** DÉCHET

Conservez les graines de courge pour l'apéritif (voir p. 127).

recette produit abîmé

Velouté de courge au lait de coco

INGRÉDIENTS

- **1** courge de type muscade
- **1** échalote
- **1** c. à s. d'huile d'olive
- **2** pommes de terre
- **2** carottes
- **20** g de beurre
- **4** c. à s. de lait de coco
- **1** pincée de noix de muscade en poudre
- **Sel**
- **Poivre**

POUR 4 PERSONNES
PRÉPARATION 15 MIN
CUISSON 25 MIN

BON PLAN ZÉRO DÉCHET

Conservez les graines de courge pour l'apéritif (voir p. 127).

1. Pelez et ciselez l'échalote. Dans une casserole, faites-la revenir avec l'huile d'olive.
2. Pendant ce temps, rincez et épluchez les pommes de terre et les carottes, puis coupez-les en morceaux.
3. Lavez et coupez la courge muscade en morceaux en veillant à retirer les graines.
4. Ajoutez les légumes et le beurre dans la casserole. Faites revenir 15 min environ.
5. Versez de l'eau à hauteur des légumes et poursuivez la cuisson 10 min.
6. Retirez l'excédent d'eau et mixez. Ajoutez le lait de coco, du sel, du poivre et la noix de muscade en poudre.

Graines de courge grillées

INGRÉDIENTS

- *Les graines de* ***1*** *courge*
- ***4*** *c. à s. d'huile d'olive*
- ***Les*** *épices de votre choix (curry, paprika, herbes de Provence, etc.)*
- ***Sel***
- ***Poivre***

POUR 6 À 8 PERSONNES | PRÉPARATION 15 MIN | CUISSON 45 MIN | REPOS 1 NUIT

Conseil

Les graines ne doivent pas se superposer sur la plaque de cuisson.

① La veille, lavez soigneusement les graines de courge afin de retirer tous les filaments.

② Essuyez-les à l'aide d'un torchon sec, puis laissez-les sécher à l'air libre pendant 1 nuit.

③ Le jour même, préchauffez le four à 180 °C.

④ Dans un saladier, mélangez l'huile d'olive avec les épices choisies, salez et poivrez.

⑤ Ajoutez les graines et mélangez-les bien à la préparation.

⑥ Sur une plaque de cuisson recouverte de papier sulfurisé, étalez les graines en les répartissant bien.

⑦ Faites cuire 10 min à 180 °C, en surveillant bien la fin de cuisson.

Écrasé
de pommes de terre

POUR
6 PERSONNES

PRÉPARATION
15 MIN

CUISSON
20 MIN

INGRÉDIENTS

- ***1*** *kg de pommes de terre*
- ***1*** *gousse d'ail*
- ***5*** *cl de lait*
- ***100*** *g de beurre*
- ***1*** *pincée de noix de muscade*
- ***Sel***
- ***Poivre***

1. Faites bouillir 1 l d'eau.
2. Pelez les pommes de terre, puis coupez-les en morceaux.
3. Faites-les cuire 20 min dans l'eau bouillante.
4. Pendant ce temps, épluchez et écrasez la gousse d'ail. Faites-la cuire avec le lait dans une casserole. Ajoutez la noix de muscade, du sel et du poivre.
5. Égouttez les pommes de terre à l'issue de la cuisson, puis mélangez-les au lait en écrasant le tout à la fourchette ou au presse-purée.
6. Ajoutez le beurre au moment de servir et dégustez chaud.

recette restes

Gnocchis

INGRÉDIENTS

- ***6*** *pommes de terres déjà cuites ou un reste de purée de pommes de terre*
- ***200*** *g de farine (+ 100 g pour fariner le plan de travail)*
- ***2*** *œufs*
- ***Sel***
- ***Poivre***

S'IL VOUS **RESTE DES POMMES DE TERRE** QUE VOUS AVEZ DÉJÀ FAIT CUIRE OU DE LA PURÉE MAISON ET QUE VOUS NE SAVEZ QU'EN FAIRE, CETTE RECETTE DE GNOCCHIS SERA PARFAITE.

POUR 6 PERSONNES

PRÉPARATION 30 MIN

CUISSON 10 MIN

① Farinez le plan de travail.

② Disposez 200 g de farine en un petit tas et passez les pommes de terres à la moulinette par-dessus.

③ Creusez un puits au centre et casse-y les œufs.

④ Réalisez ensuite la pâte en amalgamant les éléments et en ramenant de la farine au centre régulièrement dès que la pâte commencer à coller.

⑤ Lorsque la pâte est homogène, faites-en un boudin, puis coupez des morceaux réguliers d'environ 1 cm.

⑥ Farinez à nouveau le plan de travail et déposez-y les gnocchis. Prenez une râpe à fromage et roulez délicatement les gnocchis sur les petits trous. Réservez.

⑦ Faites bouillir 1 l d'eau dans une grande casserole. Pendant ce temps, beurrez un plat allant au four.

⑧ Plongez les gnocchis 10 par 10 dans l'eau bouillante.

⑨ Dès qu'ils remontent à la surface, sortez-les à l'aide d'une écumoire et déposez-les dans le plat. Entreposez dans un four à 50 °C jusqu'au moment de servir.

⑩ Répétez l'opération autant de fois que nécessaire, jusqu'à épuisement des gnocchis. Assaisonnez-les et servez-les accompagnés de sauce et de fromage.

Conseil

Vous pouvez bien sûr servir ces gnocchis avec de la sauce tomate et du gruyère, mais je vous conseille la recette de ma grand-mère : concassez grossièrement 5 biscottes, faites-les revenir avec un peu de beurre et d'huile, et ajoutez 1 c. à s. de crème fraîche. Versez sur les gnocchis juste avant de les servir.

Astuce

Il est important de bien fariner le plan c travail et d'ajouter de la farine à chaque fois que la pâte commence un peu à coller.

Chips d'épluchures de pommes de terre

INGRÉDIENTS

- ***Les épluchures*** *de **6** pommes de terre (préalablement brossées)*
- ***1** c. à s. d'huile d'olive*
- ***1** c. à s. de sel*

POUR 4 PERSONNES

PRÉPARATION 5 MIN

CUISSON 15 MIN

① Préchauffez le four à 210 °C.

② Dans un saladier, mélangez l'huile d'olive et le sel, puis ajoutez-y les épluchures.

③ Mélangez-les bien afin qu'elles soient complètement imprégnées.

④ Déposez le tout sur une plaque de cuisson recouverte de papier sulfurisé.

⑤ Enfournez et faites cuire environ 15 min.

Conseil

Dans l'idéal, les épluchures de pommes de terre que vous utilisez doivent être plutôt longues.

Astuce

Assaisonnez ces chips au gré des épices qui se trouvent dans votre placard : curry, paprika, herbes de Provence, etc.

Tartines de petits pois au chèvre frais

POUR
4 PERSONNES

PRÉPARATION
10 MIN

CUISSON
2 MIN

INGRÉDIENTS

- ***200*** *g de petits pois frais*
- ***4*** *grandes tranches de pain de campagne*
- ***100*** *g de fromage frais de type chèvre*
- ***Quelques*** *feuilles de menthe*
- ***Sel***
- ***Poivre***

UNE RECETTE PLUS QUE **FACILE**, IDÉALE À PRÉPARER AVEC DES ENFANTS ET À **DÉGUSTER EN FAMILLE**.

1. Écossez les petits pois en veillant à conserver les cosses.
2. Faites griller les tranches de pain sous le gril de votre four ou au grille-pain.
3. Tartinez-les généreusement de fromage frais, puis garnissez-les de petits pois.
4. Salez, poivrez et ajoutez quelques feuilles de menthe.

BON PLAN **ZÉRO** DÉCHET

Conservez les cosses des petits pois pour réaliser des cosses garnies (voir p. 139), par exemple.

recette produit abîmé

Velouté de petits pois

INGRÉDIENTS

- ***500*** *g de petits pois un peu ramollis*
- ***2*** *c. à s. de crème fraîche*
- ***10*** *feuilles de menthe fraîche*
- ***3*** *c. à s. d'huile d'olive*
- ***Sel***
- ***Poivre***

POUR 4 PERSONNES

PRÉPARATION 15 MIN

CUISSON 15 MIN

Astuce

Ajoutez une quenelle de faisselle sur le velouté avant de le servir pour encore plus de gourmandise.

1. Faites bouillir 1 l d'eau salée.
2. Écossez les petits pois en veillant à conserver les cosses pour une autre recette. Plongez-les dans l'eau bouillante et faites-les cuire 15 min.
3. Égouttez les petits pois, puis plongez-les dans un saladier rempli d'eau froide pendant 5 min pour fixer leur jolie couleur verte.
4. Égouttez à nouveau, puis mettez les petits pois dans un blender avec la crème fraîche, la menthe fraîche, l'huile d'olive, du sel et du poivre. Mixez le tout et rectifiez l'assaisonnement si nécessaire.
5. Répartissez dans 4 bols et ajoutez une feuille de menthe sur le dessus. Servez.

BON PLAN ZÉRO DÉCHET

Conservez les cosses des petits pois pour réaliser des cosses garnies (voir p. 139) par exemple.

Cosses garnies

INGRÉDIENTS

- ***250*** *g de cosses de petits pois*
- ***3*** *pommes de terre*
- ***1*** *gousse d'ail*
- ***15*** *cl de lait*
- ***70*** *g de beurre*
- ***100*** *g de chapelure*
- ***Sel***
- ***Poivre***

POUR 4 PERSONNES

PRÉPARATION 15 MIN

CUISSON 50 MIN

1. Préchauffez le four à 180 °C.
2. Retirez le fil central des cosses, ainsi que la tige si nécessaire.
3. Pelez les pommes de terre et coupez-les en petits morceaux.
4. Faites cuire les pommes de terre et les cosses pendant 40 min dans 2 casseroles d'eau bouillante distinctes, puis égouttez-les séparément.
5. Déposez les pommes de terre dans un saladier vide et les cosses dans un autre saladier rempli d'eau froide.
6. Ajoutez la gousse d'ail pelée, le lait et le beurre aux pommes de terre et mixez le tout à l'aide d'un mixeur plongeant pour réaliser une purée. Réservez.
7. Égouttez les cosses et séchez-les à l'aide d'un torchon propre, garnissez-les de purée. Ajoutez de la chapelure sur le dessus.
8. Faites cuire 10 min au four à 180 °C

BON PLAN ZÉRO DÉCHET

Ne jetez pas les épluchures des pommes de terre, gardez-les pour réaliser la recette des chips d'épluchures de pommes de terre (voir p. 132).

Tapenade
de courgette à la coriandre

POUR
8 PERSONNES

PRÉPARATION
10 MIN

CUISSON
15 MIN

REPOS
1 NUIT

INGRÉDIENTS

- ***3*** *courgettes*
- ***1*** *bouquet de coriandre*
- ***70*** *g de parmesan*
- ***1*** *gousse d'ail*
- ***4*** *c. à s. d'huile d'olive*
- ***Sel***
- ***Poivre***

1. La veille du jour de la dégustation, lavez les courgettes, coupez-les en tranches, puis faites-les cuire à l'eau bouillante pendant 15 min.
2. Pendant ce temps lavez la coriandre et ciselez-la. Râpez le parmesan, pelez et écrasez la gousse d'ail.
3. À l'issue de la cuisson des courgettes, égouttez-les et déposez-les dans un saladier. Écrasez-les à la fourchette.
4. Ajoutez l'huile d'olive, le parmesan râpé, l'ail et la coriandre.
5. Mélangez bien et transvasez dans des pots en verres hermétiques.
6. Laissez 1 nuit au réfrigérateur.

Conseil

Vous pouvez réaliser cette tapenade avec de nombreuses herbes aromatiques : menthe, persil, etc.

Glaçons d'herbes

INGRÉDIENTS

- ***Des** herbes dont vous n'avez plus l'utilité sur le moment et qui commencent à s'abîmer*
- ***De** l'huile neutre ou du beurre fondu*

MATÉRIEL

- ***Moule à glaçons***

POUR
4 PERSONNES

PRÉPARATION
5 MIN

CUISSON
5 MIN

1. Lavez et essorez soigneusement les herbes, réservez les queues pour réaliser des bouquets garnis (voir ci-contre).
2. Ciselez-les finement.
3. Faites-les revenir avec de l'huile ou du beurre, selon votre préférence, pendant 5 min à feu moyen.
4. Versez le mélange obtenu dans des moules à glaçons et conservez au congélateur jusqu'à utilisation.

Astuce

Utilisez ces glaçons d'herbes au moment de cuisiner un poisson ou des pâtes.

Bouquet garni
de queues d'herbes

Bon à savoir

Ces bouquets garnis aromatisent à merveille un bouillon !

POUR
1 BOUQUET

PRÉPARATION
2 MIN

INGRÉDIENTS

- ***Des*** *queues d'herbes telles que le persil, la coriandre, etc.*
- ***Du*** *vert de poireau*
- ***Thym***
- ***Laurier***
- *Romarin, sariette, sauge, etc. (facultatif)*

MATÉRIEL

- ***Ficelle à rôti***

1. Assemblez les herbes en petits fagots.
2. Entourez-les du vert de poireau, puis ficelez le tout bien serré avec la ficelle à rôti.
3. Deux solutions s'offrent à vous pour la conservation : si vous avez un local sec et aéré, faites sécher les bouquets garnis la tête en bas, sinon conservez-les directement au congélateur.

Sur la totalité des céréales produites annuellement, 30 % ne sont pas consommées et sont donc gâchées. Pour vous donner une idée, cela représente **763 milliards de boîtes de pâtes qui partent à la poubelle** *tout au long de leur cycle de vie. Pour un tiers d'entre elles, le gaspillage vient de notre consommation.*

Souvent victimes d'un mauvais dosage en début de repas, les céréales et les légumineuses deviennent les mal-aimées de notre cuisine et finissent, pour une bonne partie, à la poubelle, car on ne sait pas quoi en faire. Il existe pourtant tellement de manières de les accommoder à nouveau ! En plus d'éviter le gaspillage, j'espère que les recettes que vous trouverez dans cette partie pour cuisiner vos restes vous plairont et vous donneront de nouvelles idées.

les féculents, légumineuses & viennoiseries

recette restes

Arancini

INGRÉDIENTS

- ***200*** *g de reste de risotto*
- ***2*** *c. à s. d'huile d'olive*
- ***150*** *g de petits pois*
- ***4*** *tranches de jambon cru*
- ***50*** *g de parmesan râpé*
- ***150*** *g de mozzarella*
- ***2*** *œufs battus*
- ***150*** *g de farine*
- ***150*** *g de chapelure*
- ***Huile*** *de friture*

POUR 4 PERSONNES

PRÉPARATION 20 MIN

CUISSON 10 MIN

① Faites revenir le reste de risotto dans l'huile d'olive avec les petits pois et le jambon cru coupé en petits morceaux.

② Déposez le tout dans un plat à gratin pour laisser refroidir. Ajoutez ensuite le parmesan et mélangez.

③ Coupez la mozzarella en petits morceaux.

④ Préparez un bol d'eau pour humidifier vos mains entre chaque boule.

⑤ Façonnez des boules de riz d'environ 5 à 8 cm de diamètre. Enfoncez votre doigt jusqu'au centre de la boule et garnissez-la d'un morceau de mozzarella. Refermez avec un peu de riz. Répétez l'opération jusqu'à épuisement du riz.

⑥ Dans 3 bols distincts, déposez les œufs battus, la farine et la chapelure.

⑦ Trempez chaque arancini dans la farine, puis dans les œufs battus et, enfin, dans la chapelure.

⑧ Versez de l'huile de friture dans un grand faitout et faites-la chauffer. Lorsqu'elle est bien chaude, plongez-y les arancini et laissez-les frire.

⑨ Sortez-les de l'huile à l'aide d'une écumoire quand ils commencent à dorer et déposez-les sur du papier absorbant pour retirer l'excès de matière grasse.

recette restes

Légumes farcis

INGRÉDIENTS

- **Reste** *de riz*
- ***2*** *courgettes*
- ***2*** *tomates*
- ***2*** *poivrons*
- ***1*** *oignon*
- ***1*** *gousse d'ail*
- ***Quelques*** *feuilles de basilic*
- ***2*** *c. à s. de moutarde*
- ***3*** *c. à s. d'huile d'olive*
- ***70*** *g d'halloumi*
- ***Sel***
- ***Poivre***

POUR
6 PERSONNES

PRÉPARATION
10 MIN

CUISSON
40 MIN

① Préchauffez le four à 180 °C.

② Rincez les courgettes, les tomates et les poivrons à l'eau claire, puis faites-les cuire dans 1 l d'eau bouillante salée pendant 10 min.

③ Sortez-les et séchez-les à l'aide d'un torchon propre. Coupez-les en deux et évidez-les. Réservez la chair retirée des tomates et des courgettes pour réaliser la farce.

④ Pelez l'oignon et l'ail et coupez-les grossièrement.

⑤ Mixez ensemble l'oignon, l'ail, le basilic, la moutarde, l'huile d'olive et la chair réservée des légumes.

⑥ Ajoutez le riz à la préparation mixée, salez, poivrez et mélangez.

⑦ Garnissez les demi-légumes vidés avec la farce obtenue.

⑧ Ajoutez l'halloumi en tranches sur le dessus et faites cuire 30 min à 180 °C.

Sushi balls

INGRÉDIENTS

- ***Reste*** *de riz*
- ***1*** *concombre*
- ***Du*** *saumon frais ou fumé*
- ***5*** *c. à s. de vinaigre de riz*
- ***100*** *g de fromage frais*
- ***Sauce*** *soja*

LES SUSHIS, CHEZ NOUS, **C'EST SACRÉ**, ENTRE MON HOMME QUI POURRAIT EN **MANGER CHAQUE SOIR** ET MA SŒUR QUI VIT AU JAPON, JE N'AI PLUS D'EXCUSE POUR NE PAS MAÎTRISER CET **ART** !

POUR
4 PERSONNES

PRÉPARATION
15 MIN

① Pelez le concombre et taillez-le en lamelles pas trop fines. Détaillez également des lamelles de saumon. Réservez.

② Mélangez le reste de riz avec le vinaigre de riz.

③ Formez des cylindres avec le riz, en veillant à humidifier vos mains dans un bol d'eau tiède entre chacun.

④ Ajoutez sur le dessus, au choix, une ou plusieurs de vos garnitures : saumon, concombre, et fromage frais.

⑤ Dégustez avec de la sauce soja.

Astuce

Variez les combinaisons de garnitures : saumon-fromage frais, concombre-avocat-fromage frais, etc. Les possibilités sont multiples !

recette restes

Gratin de pâtes

INGRÉDIENTS

- ***Reste*** *de pâtes*
- ***1*** *gousse d'ail*
- ***50*** *g de beurre*
- ***Sauce*** *tomate maison (p. 101)*
- ***Quelques*** *feuilles de basilic*
- ***2*** *boules de mozzarella*
- ***Sel***
- ***Poivre***

POUR 4 PERSONNES

PRÉPARATION 10 MIN

CUISSON 15 MIN

① Préchauffez le four à 200 °C.

② Pelez la gousse d'ail et frottez-la dans un plat à gratin. Déposez-y ensuite quelques noisettes de beurre.

③ Ajoutez le reste de pâtes déjà cuites, puis la sauce tomate maison et les feuilles de basilic lavées et ciselées finement. Salez, poivrez et mélangez le tout.

④ Coupez les boules de mozzarella en tranches, puis disposez-les sur le dessus.

⑤ Faites cuire 15 min à 200 °C.

recette restes

Salade de pâtes composée

INGRÉDIENTS

- **250** g env. de reste de pâtes
- **1** oignon rouge
- **5** radis
- **1** tomate
- **50** g de saumon fumé
- **5** feuilles de basilic

POUR LA VINAIGRETTE

- **5** c. à s. d'huile d'olive
- **1** c. à s. de moutarde
- **1** c. à s. de vinaigre de cidre
- **Sel**
- **Poivre**

POUR 4 PERSONNES

PRÉPARATION 10 MIN

① Préparez d'abord la vinaigrette : mélangez vigoureusement l'huile d'olive avec la moutarde et le vinaigre. Salez et poivrez.

② Pelez l'oignon rouge, et émincez-le finement. Lavez les radis et la tomate, puis émincez-les. Tranchez le saumon fumé en lamelles.

③ Amalgamez les crudités, le saumon et le basilic dans un saladier, puis ajoutez la vinaigrette et mélangez bien. Dégustez frais.

recette restes

Frittata de pâtes

INGRÉDIENTS

- ***250*** *g env. de reste de pâtes*
- ***1*** *oignon rouge*
- ***1*** *courgette*
- ***1*** *tomate*
- ***2*** *c. à s. d'huile d'olive*
- ***8*** *œufs*
- ***6*** *cl de lait*
- ***250*** *g de comté râpé*
- ***20*** *g de beurre*
- ***Sel***
- ***Poivre***

UNE RECETTE QUI A NON SEULEMENT CONQUIS **TOUTE LA FAMILLE**, MAIS QUI EST ÉGALEMENT SUPER COMPLÈTE POUR UN **REPAS DU SOIR** AVEC DES FÉCULENTS, DES LÉGUMES ET DES LAITAGES. DU **TOUT-EN-UN** !

POUR 4 PERSONNES

PRÉPARATION 15 MIN

CUISSON 25 MIN

① Préchauffez le four à 180 °C.

② Pelez et émincez l'oignon rouge. Lavez la courgette et la tomate, coupez-les en rondelles.

③ Dans une poêle, faites chauffer l'huile d'olive à feu moyen, puis faites-y dorer l'oignon, la tomate et la courgette. Réservez.

④ Dans un bol, fouettez les œufs avec le lait.

⑤ Ajoutez les légumes cuits à l'huile d'olive ainsi que le comté râpé, en veillant à en garder un peu pour la finition de la frittata. Salez et poivrez à votre convenance.

⑥ Beurrez un plat à tarte et versez-y la préparation. Ajoutez le reste de comté par-dessus, puis laissez cuire au four 25 min à 180 °C.

recette restes

Houmous

INGRÉDIENTS

- ***400*** *g de pois chiches (secs ou en boîte)*
- ***1*** *gousse d'ail*
- ***3*** *c. à s. d'huile d'olive*
- *Le jus de* ***1/2*** *citron*
- ***2*** *c. à c. de tahiné (facultatif)*
- ***Sel***
- ***Poivre***

CE HOUMOUS PEUT ÊTRE PRÉPARÉ AVEC ***UN RESTE DE POIS CHICHES SECS OU EN BOÎTE***. ATTENTION, SI LES POIS CHICHES SONT SECS, IL VOUS FAUDRA COMMENCER LA PRÉPARATION DE LA RECETTE LA VEILLE DU JOUR OÙ VOUS SOUHAITEZ LA SERVIR.

POUR
4 PERSONNES

PRÉPARATION
20 MIN

CUISSON
40 MIN

① Si vous optez pour des pois chiches secs, mettez-les la veille dans un saladier rempli d'eau tiède et laissez-les se réhydrater durant 1 nuit. Le jour même, faites-les cuire dans une casserole d'eau pendant 40 min à feu moyen.

② Si vous utilisez des pois chiches en boîte, vous pouvez sauter cette première étape. Égouttez les pois chiches en veillant à conserver leur eau, puis passez-les sous l'eau et retirez la fine pellicule qui les recouvre.

③ Épluchez et dégermez l'ail.

④ Dans un blender, mixez les pois chiches avec l'ail, l'huile d'olive, le jus du demi-citron et, éventuellement, le tahiné. Salez et poivrez.

⑤ Servez ce houmous avec un filet d'huile d'olive, accompagné de pain pita ou de pain grillé.

Astuce

Vous pouvez ajouter un peu d'eau pour rendre le houmous plus ou moins liquide, plus ou moins épais.

BON PLAN
ZÉRO DÉCHET

Gardez bien l'eau des pois chiches pour réaliser d'autres recettes (voir p. 161, par exemple).

Pois chiches grillés

CES POIS CHICHES GRILLÉS SONT UNE **ALTERNATIVE SAINE** ET **TRÈS PEU CALORIQUE** POUR LES APÉRITIFS !

INGRÉDIENTS

- ***250** g de pois chiches*
- ***4** c. à s. d'huile d'olive*
- ***Les** épices de votre choix (curry, paprika, herbes de Provence, etc.)*
- ***Sel***
- ***Poivre***

POUR
4 PERSONNES

PRÉPARATION
5 MIN

REPOS
20 MIN

① Préchauffez le four à 200 °C.

② Égouttez et rincez les pois chiches.

③ Déposez-les sur un torchon et séchez-les ; la peau va se retirer.

④ Dans un saladier, mélangez l'huile d'olive avec les épices choisies, salez et poivrez.

⑤ Ajoutez les pois chiches égouttés et mélangez-les bien à la préparation.

⑥ Sur une plaque de cuisson recouverte de papier sulfurisé, étalez les pois chiches sans qu'ils se superposent.

⑦ Faites cuire 20 min à 200 °C, en surveillant bien la fin de cuisson.

Mousse au chocolat à l'aquafaba

INGRÉDIENTS

- ***15*** *cl d'eau de pois chiches (ou aquafaba)*
- ***30*** *g de sucre semoule*
- ***100*** *g de chocolat noir pâtissier*

POUR 4 PERSONNES

PRÉPARATION 10 MIN

REPOS 2 H 30

① Versez l'eau de pois chiches dans un saladier et entreposez-le au réfrigérateur 30 min.

② Montez-le ensuite comme des blancs en neige, au batteur ou au robot muni du fouet, pendant au moins 5 min à pleine puissance. Ajoutez le sucre et faites monter 5 min supplémentaires.

③ Faites fondre le chocolat noir au bain-marie, puis mélangez-le délicatement et progressivement avec l'aquafaba montée.

④ Déposez dans des ramequins et laissez prendre au moins 2 h au réfrigérateur.

Astuce

Comme des blancs en neige classiques, le mélange ne doit pas couler lorsque vous retournez le saladier ou le bol du robot.

recette restes

Brioche perdue

INGRÉDIENTS

- ***6*** *tranches épaisses de brioche séchée*
- ***20*** *cl de lait*
- ***50*** *g de sucre semoule*
- ***2*** *jaunes d'œufs*
- ***20*** *g de beurre*

POUR 6 PERSONNES

PRÉPARATION 10 MIN

CUISSON 10 MIN

① Faites griller les tranches de brioche sur le gril du four pendant 5 min à 200 °C.

② Mélangez le lait, la moitié du sucre et les jaunes d'œufs à l'aide d'un fouet.

③ Mettez chaque tranche à tremper dans le mélange de manière à ce qu'elle soit bien imbibée, puis égouttez légèrement.

④ Faites chauffer le beurre dans une poêle. Faites cuire les tranches de brioche sur les deux faces jusqu'à obtention d'une jolie coloration.

⑤ Saupoudrez du reste de sucre et dégustez chaud.

Conseils

Vous pouvez également utiliser un grille-pain pour préparer les tranches de brioche. Dégustez avec du caramel au beurre salé.

recette restes

Pâte à crumble

INGRÉDIENTS

- **200** g de biscuits mous de type Petits Beurre®
- **80** g de beurre pommade
- **20** g de sucre roux

POUR 4 PERSONNES

PRÉPARATION 5 MIN

① Réduisez les biscuits en miettes dans un saladier.

② Ajoutez le beurre pommade et le sucre roux et mélangez bien à la main.

③ Disposez cette pâte au-dessus de fruits pour réaliser un crumble.

Astuce

Cette pâte à crumble peut aussi servir de base pour la réalisation d'un cheesecake, par exemple.

recette restes

Bread and butter pudding
ou « gâteau aux restes »

INGRÉDIENTS

- **250** g env. de restes de viennoiserie, brioche ou pain
- **40** cl de lait
- **3** œufs
- **40** g de sucre semoule
- **1** sachet de sucre vanillé
- **30** g de beurre
- **100** g de chocolat noir

UNE **GRANDE DÉCOUVERTE** QUE CE GÂTEAU AUX RESTES… UNE **GRANDE-TANTE DE MON PAPA** EN RÉALISAIT UN QUASI SEMBLABLE, COMME QUOI LE **ZÉRO DÉCHET** NE DATE PAS D'HIER !

POUR 6 PERSONNES

PRÉPARATION 20 MIN

CUISSON 40 À 45 MIN

REPOS 15 MIN

① Préchauffez le four à 180 °C.

② Faites tremper les restes de viennoiseries dans le lait, et laissez-les 15 min au moins pour bien les ramollir.

③ Pendant ce temps, mélangez ensemble les œufs et les sucres à l'aide d'un fouet.

④ Faites fondre le beurre en le passant 30 s au four à micro-ondes, puis incorporez-le au mélange œufs-sucres.

⑤ Écrasez les restes de viennoiseries avec un presse-purée et mélangez-les avec la préparation précédente.

⑥ Enfin, concassez le chocolat en petits morceaux et ajoutez-les au mélange.

⑦ Beurrez un moule à cake et versez-y l'appareil. Enfournez pour 40 à 45 min de cuisson environ à 180 °C.

⑧ Laissez tiédir avant de démouler le gâteau.

recette restes

Croûtons

INGRÉDIENTS

- ***10*** *tranches de pain sec*
- ***2*** *gousses d'ail*
- ***Sel***
- ***Poivre***

POUR 4 PERSONNES

PRÉPARATION 5 MIN

CUISSON 15 MIN

① Préchauffez le four à 210 °C.

② Pelez les gousses d'ail.

③ Frottez chaque tranche de pain avec les gousses d'ail, salez et poivrez.

④ Coupez-les en croûtons et disposez-les sur une plaque de cuisson recouverte de papier sulfurisé.

⑤ Enfournez et faites cuire 15 min à 210 °C.

BON PLAN ZÉRO DÉCHET

Si vous n'utilisez pas tous les croûtons, n'hésitez pas à les mixer, vous obtiendrez ainsi une chapelure parfumée.

Cookies
aux miettes de pain

INGRÉDIENTS

- ***250*** *g de pain rassis (soit l'équivalent d'une baguette)*
- ***100*** *g de chocolat noir*
- ***100*** *g de sucre de canne*
- ***1*** *œuf*
- ***150*** *g de beurre mou*
- ***1/2*** *sachet de levure chimique*

POUR 6 PERSONNES

PRÉPARATION 15 MIN

CUISSON 12 MIN

① Préchauffez le four à 180 °C.

② Mixez le pain rassis en fine chapelure à l'aide d'un blender.

③ Concassez le chocolat en morceaux.

④ Fouettez le sucre avec l'œuf jusqu'à ce que ce dernier blanchisse.

⑤ Ajoutez le beurre mou et mélangez bien.

⑥ Incorporez tous les ingrédients secs : le pain en chapelure, la levure chimique et le chocolat concassé. Mélangez jusqu'à l'obtention d'une pâte homogène, en ajoutant un peu d'eau si besoin.

⑦ Formez des petites boules de pâte et déposez-les sur une plaque de cuisson recouverte de papier sulfurisé. Faites cuire à 180 °C environ 12 min.

Les produits laitiers ne représentent que **3% du gaspillage alimentaire en France***.

Le plus souvent, **on achète de trop grandes quantités que l'on n'arrive pas à consommer intégralement,** *ou alors on laisse un pot de yaourt abandonné au fond de son frigo. Pour finir un reste de bouteille de lait, le dernier yaourt de la portée ou les croûtes de fromages abandonnées,* **suivez ces quelques recettes gourmandes !**

*www.processalimentaire.com

les produits laitiers

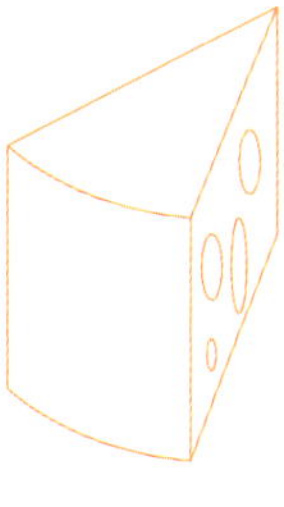

Yaourts nature

POUR
6 PERSONNES

PRÉPARATION
5 MIN

CUISSON
8 À 12 H

INGRÉDIENTS

- ***1** yaourt nature bio*
- ***1** l de lait*
- ***2** c. à s. de lait en poudre*

POUR CETTE RECETTE IL FAUT ***ÊTRE ÉQUIPÉ D'UNE YAOURTIÈRE***; C'EST UN ACHAT TRÈS VITE AMORTI, SI TANT EST QUE VOUS ***CONSOMMEZ DES YAOURTS CHAQUE SEMAINE***. VOUS POURREZ ***FACILEMENT EN TROUVER D'OCCASION*** SUR LES SITES DE SECONDE MAIN !

1. La veille, versez le yaourt nature dans un saladier, ajoutez le lait et fouettez le tout jusqu'à ce que le mélange soit bien homogène.
2. Ajoutez le lait en poudre et mélangez jusqu'à ce que celui-ci soit bien dissous.
3. Répartissez la préparation dans 6 pots de yaourts en verre.
4. Déposez-les dans la yaourtière et laissez cuire pendant 8 à 12 h.
5. Le jour même, sortez les yaourts de la yaourtière et laissez refroidir.
6. Conservez au réfrigérateur. Vous pouvez ensuite les consommer pendant 1 semaine

Conseils

L'idéal est de réaliser cette préparation le soir pour que les yaourts prennent durant la nuit.
Veillez à bien stériliser les pots de yaourts entre chaque utilisation.

Yaourts
au caramel au beurre salé

POUR
6 PERSONNES

PRÉPARATION
10 MIN

CUISSON
8 À 12 H

INGRÉDIENTS

- ***100*** *g de sucre semoule*
- ***15*** *cl de crème liquide*
- ***75*** *g de beurre demi-sel*
- ***1*** *yaourt nature bio*
- ***1*** *l de lait*
- ***2*** *c. à s. de lait en poudre*

1. La veille, commencez par préparer un caramel au beurre salé : versez le sucre dans une casserole et faites chauffer à feu doux. Le sucre se transformera progressivement en caramel.
2. Lorsque le caramel est formé, retirez du feu, versez la crème en une seule fois et mélangez aussitôt énergiquement jusqu'à obtenir un mélange homogène.
3. Ajoutez le beurre froid coupé en morceaux et mélangez à nouveau. Laissez refroidir, puis réservez au réfrigérateur.
4. Dans un saladier, versez le yaourt nature, ajoutez le lait et fouettez le tout jusqu'à ce que le mélange soit bien homogène.
5. Ajoutez le lait en poudre et mélangez jusqu'à ce que celui-ci soit bien dissous.
6. Répartissez la préparation dans 6 pots de yaourts en verre.
7. Mettez les pots dans la yaourtière et laissez cuire pendant 8 à 12 h.
8. Le jour même, sortez les yaourts de la yaourtière et laissez-les refroidir. Nappez-les de caramel au beurre salé.
9. Conservez au réfrigérateur. Vous pouvez consommer ces yaourts pendant 1 semaine.

Conseil

L'idéal est de réaliser cette préparation le soir pour que les yaourts prennent durant la nuit.
Veillez à bien stériliser les pots de yaourts entre chaque utilisation.

Gâteau
au yaourt

INGRÉDIENTS

- ***24*** *cl de yaourt*
- ***180*** *g de sucre semoule*
- ***2*** *œufs*
- ***1*** *pincée de sel*
- ***8*** *cl d'huile neutre*
- ***220*** *g de farine*
- ***1*** *sachet de levure*

S'IL VOUS RESTE ***UN YAOURT DONT LA DATE EST DÉPASSÉE DEPUIS QUELQUES JOURS***, OU QUE BÉBÉ A ENTAMÉ SANS FINALEMENT VOULOIR LE MANGER, VOICI LA RECETTE QU'IL VOUS FAUT !

POUR 4 PERSONNES

PRÉPARATION 10 MIN

CUISSON 45 MIN

① Préchauffez le four à 180 °C. Beurrez un moule à cake et réservez.

② Dans un saladier, mélangez le sucre avec les œufs à l'aide d'un fouet, ajoutez le sel, puis versez l'huile.

③ Ajoutez le yaourt et continuez de mélanger.

④ Incorporez la farine et la levure.

⑤ Lorsque l'appareil est bien homogène, versez-le dans un moule à cake. Enfournez et faites cuire 45 min à 180 °C dans le bas du four.

Crème aux croûtes de fromages

INGRÉDIENTS

- ***Une*** *dizaine de petites croûtes de fromages (de type comté, abondance, gruyère, etc.)*
- ***25*** *cl de crème liquide entière*
- ***Sel***
- ***Poivre***

PROFITEZ D'UNE ***SOIRÉE PLATEAU DE FROMAGES*** POUR ***RÉCOLTER LES CROÛTES*** DE FROMAGES QUE VOS AMIS POURRAIENT LAISSER TRAÎNER. QUOIQUE MOI, J'EN CONNAIS AU MOINS UNE QUI LES MANGENT TOUTES !

POUR 4 PERSONNES
PRÉPARATION 20 MIN
CUISSON 15 MIN
REPOS 1 H

1. Déposez les croûtes de fromages dans une casserole et versez la crème liquide. Assaisonnez. Faites chauffer à feu moyen pendant 15 min environ.
2. Filtrez, puis laissez refroidir.
3. Déposez dans le bol du robot et laissez au réfrigérateur au moins 1 h pour que le mélange soit bien froid.
4. Montez en chantilly, c'est prêt !

Conseil

Vous pouvez utiliser cette mousse aux croûtes de fromages avec une salade de betterave, c'est délicieux.

Sauce Béchamel

POUR
1 L DE SAUCE

PRÉPARATION
10 MIN

CUISSON
5 MIN

INGRÉDIENTS

- ***60*** *g de beurre*
- ***60*** *g de farine*
- ***75*** *cl de lait*
- ***1*** *pincée de noix de muscade*
- ***Sel***
- ***Poivre***

1. Dans une casserole, déposez le beurre et faites-le fondre.
2. Ajoutez la farine et mélangez bien à l'aide d'un fouet.
3. Versez le lait et portez à ébullition tout en fouettant.
4. Assaisonnez avec la noix de muscade, salez et poivrez.

La meilleure manière de **réduire les déchets traités** *dans cette partie, c'est déjà de réduire drastiquement sa consommation de viande. Chez nous, on mange de la* **viande une fois par semaine** *– généralement le week-end – et du* **poisson une à deux fois***.*

Lorsqu'on choisit ses aliments, on recherche des petits producteurs avec des méthodes d'élevage et d'abattage extensives. Et on recherche les labels de qualité : bio, fermier et, surtout, français.

les viandes et poissons

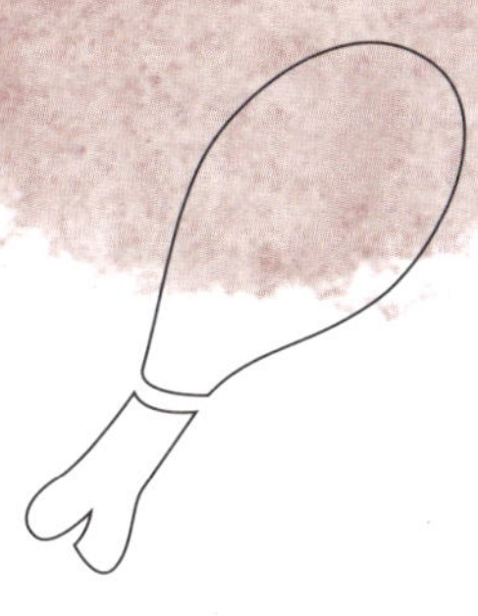

recette principale

Poisson
sauce au beurre

POUR
2 PERSONNES

PRÉPARATION
10 MIN

CUISSON
15 MIN

INGRÉDIENTS

- ***2*** *dorades*
- ***3*** *échalotes*
- ***10*** *cl de vin blanc*
- ***4*** *c. à s. de vinaigre de vin*
- *Le jus de* ***1/2*** *citron*
- ***Quelques*** *branches de thym*
- ***150*** *g de beurre froid*
- ***1*** *filet d'huile d'olive*

1. Levez les filets de la dorade.
2. Pelez puis ciselez les échalotes.
3. Dans une casserole, mélangez le vin blanc, le vinaigre de vin, le jus de citron, le thym et les échalotes.
4. Faites cuire à feu vif pendant 5 min ; la préparation doit avoir sensiblement réduit. Retirez les branches de thym.
5. Ajoutez progressivement le beurre tout juste sorti du réfrigérateur et fouettez. Comme pour une béchamel, le mélange doit un peu épaissir.
6. Laissez cuire à feu doux 5 min supplémentaires, puis réservez hors du feu.
7. Dans une poêle, faites cuire les filets de dorade côté peau avec un filet d'huile d'olive pendant 5 min.
8. Filtrez la sauce au beurre et ajoutez-la au poisson.
9. Servez bien chaud.

Astuces

Vous pouvez aussi demander à votre poissonnier de lever les filets pour vous. Dans ce cas, dites-lui que vous souhaitez conserver les arêtes et la tête. Elles vous serviront à réaliser le fumet (voir p. 191).

Rillettes de poisson

INGRÉDIENTS

- ***1*** *filet de poisson blanc sans la peau*
- ***2*** *échalotes*
- ***50*** *g de beurre*
- ***5*** *c. à s. de vin blanc sec*
- ***2*** *c. à s. de crème fraîche*
- ***1*** *c. à s. de moutarde à l'ancienne*
- ***Sel***
- ***Poivre***

POUR 4 PERSONNES
PRÉPARATION 10 MIN
CUISSON 10 MIN

① Coupez le poisson en gros morceaux carrés.

② Épluchez et émincez finement les échalotes.

③ Faites fondre le beurre dans une cocotte. Faites-y revenir les échalotes pendant 2 min jusqu'à ce qu'elles soient bien dorées.

④ Ajoutez les morceaux de poisson, puis salez et poivrez à votre goût. Laissez cuire 2 à 4 min jusqu'à ce qu'ils soient dorés.

⑤ Versez le vin blanc sec dans la cocotte, puis couvrez et laissez mijoter pendant 5 min.

⑥ Débarrassez alors la totalité de la préparation dans un grand bol.

⑦ À l'aide d'une fourchette, réduisez les morceaux de poisson en miettes.

⑧ Ajoutez la crème fraîche et la moutarde à l'ancienne, puis mélangez bien le tout. Rectifiez l'assaisonnement en sel et en poivre selon votre goût.

⑨ Placez les rillettes au réfrigérateur jusqu'au moment de servir.

Fumet de poisson

INGRÉDIENTS

- ***Parures*** *de poisson blanc rincées (arêtes, tête, etc.)*
- ***30*** *g de beurre*
- ***1/2*** *oignon*
- ***1/2*** *blanc de poireau*
- ***75*** *cl d'eau*
- ***25*** *cl de vin blanc*
- ***1*** *branche de thym*
- ***1*** *feuille de laurier*
- ***1*** *tour de moulin à poivre*

POUR 4 PERSONNES
PRÉPARATION 15 MIN
CUISSON 40 MIN

① Faites fondre le beurre dans une casserole.

② Épluchez puis émincez l'oignon et le blanc de poireau. Ajoutez-les dans la casserole et faites-les cuire dans le beurre.

③ Au bout de 5 min, ajoutez les parures de poisson et faites cuire à nouveau quelques minutes.

④ Mouillez à hauteur avec l'eau et le vin blanc.

⑤ Ajoutez les herbes et le poivre, puis portez à ébullition et laissez bouillir 10 min.

⑥ Laissez cuire environ 30 min à feu moyen.

⑦ À l'issue de la cuisson, filtrez la préparation en la passant à travers une passoire, puis à travers un chinois.

Astuces

Utilisez ce fumet en fin de cuisson d'un poisson avec un peu de crème fraîche pour réaliser une sauce onctueuse. Versez-le dans des moules à glaçons et conservez au congélateur. Ainsi vous n'aurez plus qu'à sortir la dose adéquate pour chaque recette.

Poulet rôti

POUR
4 PERSONNES

PRÉPARATION
10 MIN

CUISSON
1 H 30 ENVIRON

REPOS
1 H

INGRÉDIENTS

- ***1*** *poulet fermier et bio d'environ 1,5 kg*
- ***70*** *g de beurre*
- ***Herbes*** *aromatiques (thym, romarin, etc.)*
- ***2*** *gousses d'ail*
- ***1*** *verre d'eau*
- ***Sel***
- ***Poivre***

CETTE RECETTE A ACCOMPAGNÉ ***MON ENFANCE*** ET M'ACCOMPAGNE ***ENCORE AUJOURD'HUI***. C'EST L'UNE DES SEULES VIANDES QUE JE CONTINUE À MANGER AVEC PLAISIR, CE FAMEUX ***« POULET DU DIMANCHE »*** – QUE L'ON MANGEAIT GÉNÉRALEMENT LE SAMEDI CHEZ MES PARENTS ! –, DONT ***LES RESTES*** FINISSAIENT INLASSABLEMENT ***EN BOUILLON*** LE SOIR MÊME.

1. Sortez le poulet du réfrigérateur au moins 1 h avant sa préparation pour qu'il retrouve une température ambiante.
2. Préchauffez le four à 210 °C.
3. Placez le poulet dans un plat allant au four. Coupez le beurre en petits morceaux et déposez-en sur toute la surface de la volaille, sans oublier les cuisses et les ailes pour les rendre encore plus tendres et moelleuses.
4. Insérez les herbes aromatiques à l'intérieur du poulet.
5. Épluchez et dégermez les gousses d'ail. Insérez-les entre les cuisses et le corps du poulet.
6. Salez et poivrez à votre convenance.
7. Versez l'équivalent d'un petit verre d'eau dans le fond du plat.
8. Enfournez pour 1 h 30 environ, selon la taille du poulet. Vérifiez fréquemment sa cuisson en n'oubliant pas de l'arroser généreusement.

BON PLAN
ZÉRO DÉCHET

Ne jetez pas la carcasse du poulet après l'avoir mangé ! Conservez-la plutôt pour la confection d'un bouillon (voir p. 194). Et s'il vous reste des peaux, mettez-les de côté pour en faire des chips (voir p. 195).

Bouillon de volaille

INGRÉDIENTS

- *La carcasse de **1** poulet*
- ***2** gousses d'ail*
- ***1** oignon*
- ***50** g de beurre*
- ***2** carottes*
- ***1** bouquet de persil*
- ***Baies** rouges*
- ***1** c. à s. de moutarde*
- ***Sel***
- ***Poivre***

POUR 4 PERSONNES | PRÉPARATION 15 MIN | CUISSON 2 H | REPOS 1 H

Astuce

Je consomme ce bouillon avec des vermicelles et un peu de gruyère, voire des croûtons (voir la recette p. 169).

① Pelez l'ail et l'oignon, puis émincez-les. Faites-les revenir avec la carcasse dans le beurre pendant 5 min.

② Pelez les carottes, coupez-les en rondelles et ajoutez-les.

③ Mouillez à hauteur de la carcasse. Portez à ébullition, puis laissez cuire 2 h à feu doux.

④ À l'issue de la cuisson, retirez la carcasse et ajoutez le persil lavé et émincé. Salez, ajoutez les baies rouges et poivrez. Laissez reposer à couvert au moins 1 h.

⑤ Avant de servir, réchauffez le bouillon en y délayant la moutarde.

Chips
de peau de poulet

INGRÉDIENTS

- *La peau de **1** poulet - blancs et cuisses*
- ***Sel***
- ***Poivre***
- ***Épices** au choix (curry, paprika, herbes de Provence, etc.)*

POUR
2 PERSONNES

PRÉPARATION
5 MIN

CUISSON
2H

Bon à savoir

Si vous n'avez pas de seconde plaque de cuisson, un moule à gratin ou un plat à tarte peuvent faire l'affaire.
Cette recette est une petite bombe calorique : à déguster avec modération !

① Préchauffez le four à 180 °C.

② Déposez une feuille de papier sulfurisé sur une plaque allant au four. Étalez les peaux de poulet dessus en prenant soin de les inciser légèrement afin d'éviter les bulles.

③ Saupoudrez de sel, de poivre et des épices de votre choix.

④ Recouvrez d'une seconde feuille de papier sulfurisé, puis posez une seconde plaque sur le tout pour que les peaux de poulet soient bien maintenues aplaties. Faites cuire 10 min à 180 °C.

⑤ Dégustez-les encore chaudes ou tièdes.

Rosbeef
au poivre

POUR
6 PERSONNES

PRÉPARATION
10 MIN

CUISSON
1 H

INGRÉDIENTS

- **1** rosbeef de 1 kg environ
- **2** gousses d'ail
- **20** g de beurre
- **50** g de poivre en grains
- **1** petit verre d'eau
- **2** cl de cognac
- **2** c. à s. de crème fraîche
- **1** c. à s. de moutarde
- **Sel**

POUR ***LA CUISSON*** DE VOTRE ROSBEEF, COMPTEZ ***« UN QUART D'HEURE PAR LIVRE »***, LA FAMEUSE PHRASE FAMILIALE TOUJOURS D'ACTUALITÉ AVANT CHAQUE CUISSON DE ROSBEEF ! ET SI VOUS VOUS POSEZ LA QUESTION, ***UNE LIVRE CORRESPOND À 250 G***.

1. Préchauffez le four à 180 °C.
2. Faites plusieurs incisions dans la viande.
3. Pelez les gousses d'ail et insérez-les dans les incisions faites sur la viande.
4. Faites fondre le beurre dans une poêle, puis marquez le rosbeef sur chaque face. Réservez la poêle avec les sucs de cuisson.
5. Roulez le rosbeef dans les grains de poivre et placez-le dans un plat allant au four, avec un peu d'eau dans le fond.
6. Enfournez et faites cuire 30 min à 180 °C, puis retournez le rosbeef et faites cuire à nouveau 30 min.
7. Pendant ce temps, déglacez les sucs de cuisson avec le cognac. Ajoutez la crème fraîche, puis la moutarde.
8. À l'issue de la cuisson, salez le rôti et servez-le avec la sauce.

Boulettes parmesan-épinards

INGRÉDIENTS

- ***250*** *g de viande hachée*
- ***10*** *feuilles d'épinards*
- ***4*** *champignons de Paris*
- ***1*** *œuf*
- ***40*** *g de parmesan*
- ***Sel***
- ***Poivre***

LES BOULETTES ***C'EST LA VIE !*** ET C'EST SELON MOI LA MEILLEURE MANIÈRE DE ***RECYCLER*** DE LA VIANDE.

POUR 4 PERSONNES

PRÉPARATION 10 MIN

CUISSON 10 MIN

① Rincez les feuilles d'épinards, puis coupez les tiges. Découpez-les en très fines lamelles. Réservez.

② Rincez très délicatement les champignons de Paris, coupez les pieds et découpez-les en très petits morceaux. Réservez.

③ Dans un cul-de-poule, mélangez la viande hachée avec l'œuf. Ajoutez les épinards, les morceaux de champignon et le parmesan. Continuez à mélanger, puis salez et poivrez.

④ Préchauffez le four à 200 °C et préparez une plaque de cuisson avec une feuille de papier sulfurisé posée dessus.

⑤ Prélevez un peu de préparation à la viande et faites-la tourner entre vos paumes afin de former une boulette. Réalisez ainsi les boulettes une à une, puis déposez-les sur le papier sulfurisé. Vous devez en obtenir une douzaine.

⑥ Enfournez et faites cuire pendant 10 min. À mi-cuisson, retournez chaque boulette pour que la cuisson soit uniforme des deux côtés.

Conseil

Si vous utilisez un reste de viande, hachez-la pour réaliser des boulettes.

BON PLAN ZÉRO DÉCHET

Si vous avez aussi des restes de fromages, n'hésitez pas à en fourrer l'intérieur des boulettes, un peu à la manière des arancini (voir p. 147).

Bouillon aux restes de viande rouge

INGRÉDIENTS

- ***Reste*** *de rôti ou de rosbeef*
- ***1*** *oignon*
- ***50*** *g de beurre*
- ***Citronnelle***
- ***Menthe***
- ***Coriandre***
- ***100*** *g de vermicelles*
- ***Sel***
- ***Poivre***

POUR 4 PERSONNES

PRÉPARATION 15 MIN

CUISSON 2 H 05

① Coupez le reste de viande en fines lamelles.

② Pelez l'oignon et coupez-le en fines tranches.

③ Faites fondre le beurre dans une casserole, faites-y revenir l'oignon et les restes de viande en lamelles.

④ Mouillez à hauteur, ajoutez les herbes et les aromates, puis salez et poivrez. Laissez cuire à feu doux pendant 2 h.

⑤ Avant de servir, ajoutez les vermicelles et faites cuire 5 min supplémentaires.

annexes

Citronnade

POUR
4 PERSONNES

PRÉPARATION
5 MIN

INGRÉDIENTS

- *1 l d'eau*
- *4 citrons bio*
- *1 c. à s. de sucre*

1. Faites bouillir l'eau.
2. Pendant ce temps, rincez les citrons, puis coupez-les en tranches.
3. Disposez-les dans le saladier et ajoutez le sucre.
4. Versez l'eau bouillante sur le tout, puis laissez refroidir.
5. Retirez les tranches de citron en prenant bien soin de les presser, afin que la pulpe vienne parfumer votre citronnade.
6. Mélangez et réservez au réfrigérateur

Bissap

INGRÉDIENTS

- *1 poignée de fleurs d'hibiscus séchées*
- *1 l d'eau filtrée*
- *2 c. à c. de sucre bio*

POUR
4 PERSONNES

PRÉPARATION
5 MIN

REPOS
15 MIN

1. Faites bouillir l'eau filtrée.
2. Déposez les fleurs séchées dans un saladier, puis versez l'eau bouillante par-dessus.
3. Laissez mariner 15 min.
4. Filtrez, puis ajoutez le sucre.

Thé à la menthe

POUR
6 PERSONNES

PRÉPARATION
10 MIN

CUISSON
10 MIN

INGRÉDIENTS

- ***1*** *bouquet de menthe fraîche*
- ***1*** *l d'eau*
- ***1*** *dose de thé noir*
- ***10*** *morceaux de sucre*

CETTE RECETTE ME VIENT D'UNE AMIE MAROCO-NORMANDE QUI M'A FAIT ***DÉGUSTER UN VÉRITABLE THÉ À LA MENTHE*** MAROCAIN IL Y A QUELQUES ANNÉES.

1. Lavez et équeutez la menthe. Mettez les tiges de côté et ne conservez que les feuilles pour cette recette.
2. Faites bouillir l'eau. Ajoutez le thé noir et la menthe fraîche, abaissez le feu et laissez infuser environ 5 à 6 min.
3. Coupez le feu et ajoutez le sucre, celui-ci doit se dissoudre totalement.
4. Consommez bien chaud !

BON PLAN
ZÉRO DÉCHET

Les branches de menthe fraîche pourront vous servir pour vos bouquets garnis (voir p. 143).

Kit S.O.S. cookies

POUR
1 MASON JAR

PRÉPARATION
5 MIN

INGRÉDIENTS

- **125** g de farine
- **1/2** sachet de levure
- **60** g de sucre semoule
- **60** g de sucre cassonade
- **100** g de chocolat taillé en pépites
- **30** g de muesli

1. Déposez la farine, la levure, le sucre semoule, le sucre cassonade, les pépites de chocolat et le muesli dans une Mason Jar, en respectant strictement cet ordre.
2. Fermez-le hermétiquement et décorez-le avec un joli ruban.
3. Rédigez la marche à suivre pour compléter la recette :
   - *Versez le contenu de la Mason Jar dans un saladier. Ajoutez 1 œuf, 60 g de beurre pommade et mélangez le tout.*
   - *Formez des boules de pâte d'environ 2 cm de diamètre et disposez-les sur une plaque allant au four recouverte de papier sulfurisé.*
   - *Faites cuire 12 min à 180 °C.*

Compote de pomme

POUR
2 PERSONNES

PRÉPARATION
10 MIN

CUISSON
15 MIN

INGRÉDIENTS

- ***3*** *pommes*
- ***5*** *c. à s. d'eau*
- ***2*** *c. à c. de sucre cassonade*
- ***1*** *c. à s. de miel*
- ***1*** *gousse de vanille*
- ***1*** *pincée de mélange quatre-épices*

1. Épluchez les pommes, puis retirez les trognons. Coupez la chair des pommes en morceaux.
2. Dans une casserole, faites-les revenir avec l'eau, le sucre et le miel.
3. Fendez la gousse de vanille en deux, grattez les grains à l'aide de la lame d'un couteau d'office et ajoutez-les à la préparation. Ajoutez également la gousse entière.
4. Laissez compoter 15 min, ajoutez la pincée de quatre-épices, puis laissez refroidir hors du feu.
5. Conservez dans un pot en verre hermétiquement fermé ou répartissez dans des gourdes réutilisables.

recette bonus

Sablés au chocolat

POUR
4 PERSONNES

PRÉPARATION
15 MIN

CUISSON
15 MIN

REPOS
30 MIN

INGRÉDIENTS

- ***150** g de beurre*
- ***100** g de sucre cassonade*
- ***2** œufs*
- ***40** g de chocolat en poudre non sucré*
- ***400** g de farine*

1. Sortez le beurre du réfrigérateur et laissez-le ramollir à l'air libre.
2. Pendant ce temps, fouettez le sucre et les œufs jusqu'à ce que ces derniers blanchissent.
3. Incorporez le chocolat en poudre et mélangez.
4. Travaillez le beurre jusqu'à ce qu'il devienne pommade.
5. Ajoutez progressivement le beurre ainsi que la farine au premier appareil et mélangez jusqu'à l'obtention d'une pâte homogène.
6. Étalez-la entre 2 feuilles de papier sulfurisé et laissez-la refroidir au réfrigérateur pendant 30 min.
7. Préchauffez le four à 200 °C.
8. Sortez la pâte du réfrigérateur et formez des petits biscuits avec l'emporte-pièce de votre choix. Déposez-les sur une plaque de cuisson recouverte de papier sulfurisé, enfournez pour 15 min environ à 200 °C. À l'issue de la cuisson, les biscuits doivent être bien dorés.
9. Sortez les biscuits et laissez-les refroidir.

Mes bonnes adresses

PARTOUT EN FRANCE

Pour les courses alimentaires

Bio c'est bon
Biocoop
Day by Day
La Ruche qui dit oui
Naturalia
pourdebon.com

Pour trouver des contenants à vrac

Emmaüs
Le Comptoir Américain - toute la collection de Mason Jars (site web)
Les brocantes
Ressourceries

Pour les autres courses

Altermundi
Lamazuna
La Recyclerie
La Ressourcerie Créative
La Trockette
Ma Ressourcerie

À PARIS

Pour les courses alimentaires

Kilogramme
La Maison du Zéro Déchet
Les frigos solidaires
The Naked Shop
Vin en vrac
Welcome Bio Bazar

À BORDEAUX & DANS LA RÉGION

Pour faire les courses en vrac

Aux petits poids
Day by Day
La Recharge
La Vrac' Rie
Ladybird
Le Local
Maison Hegara
Ze Drive

Pour les contenants à vrac et les produits hors alimentaires

Coutume
Eva Dejeanty
L'Atelier D'éco Solidaire
Maison Louve

Paris
Bordeaux

Tableau de saisonnalité *des fruits*

	JANVIER	FÉVRIER	MARS	AVRIL	MAI
ABRICOT					
AVOCAT	■	■	■	■	■
AMANDE					
BANANE	■	■	■	■	■
CERISE					
CITRON	■	■	■	■	■
FRAISE					■
FRAMBOISE					
GROSEILLE					
KIWI					
MANGUE	■	■	■	■	■
MELON					
MÛRE					
MYRTILLE					
NOIX					
ORANGE	■	■	■		
PASTÈQUE					
PÊCHE					
POIRE					
POMME					
RAISIN BLANC					
RAISIN ROUGE					

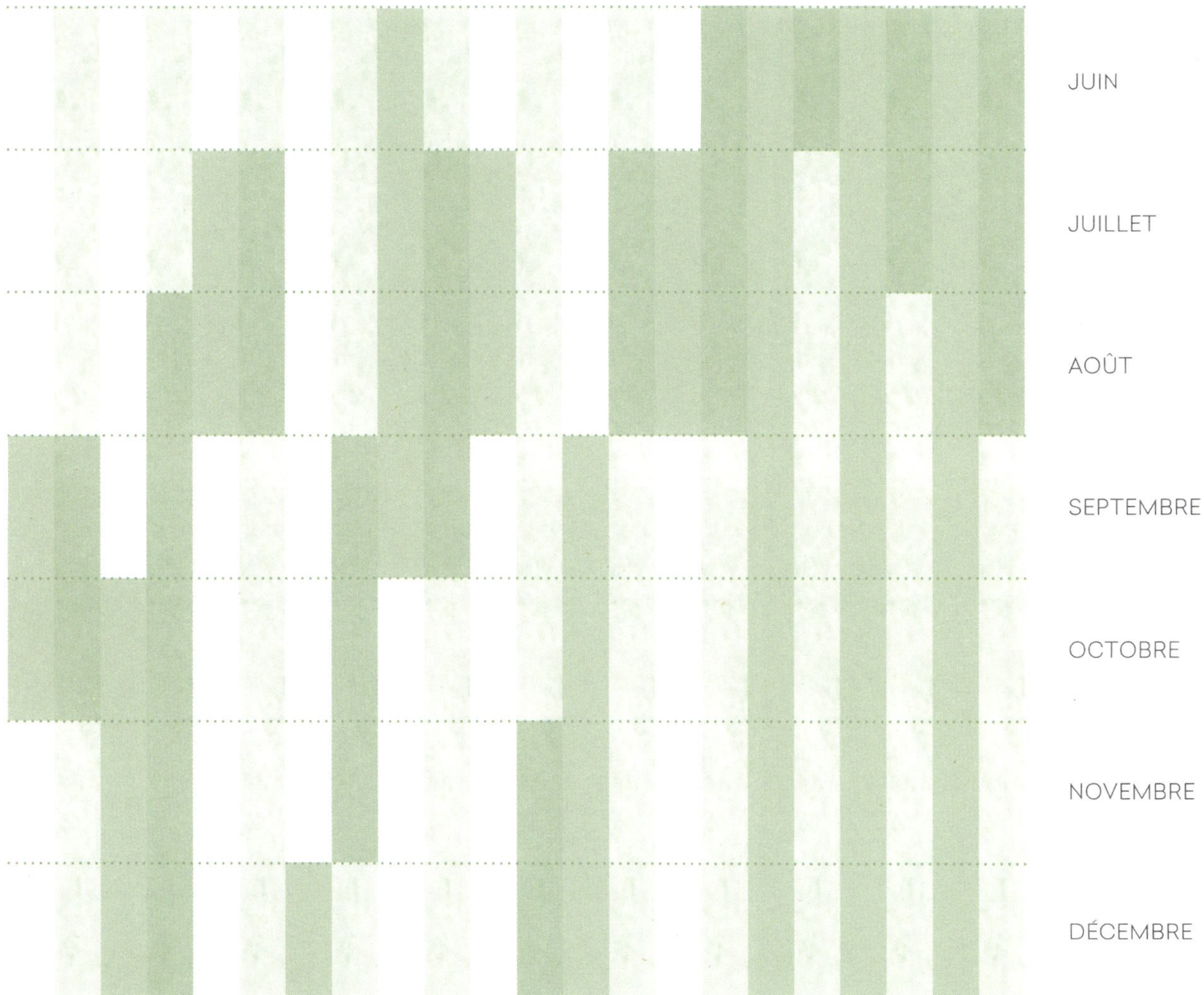
JUIN
JUILLET
AOÛT
SEPTEMBRE
OCTOBRE
NOVEMBRE
DÉCEMBRE

Tableau de saisonnalité

des légumes et des aromates

	JANVIER	FÉVRIER	MARS	AVRIL	MAI
AIL	■	■	■	■	■
AUBERGINE					
BASILIC					
CAROTTE	■	■	■	■	■
CÉLERI					
CHOU-FLEUR	■	■	■	■	■
CONCOMBRE					
COURGETTE					
ÉPINARD					
MENTHE			■	■	■
OIGNON	■	■	■	■	■
PERSIL			■	■	
PATATE DOUCE	■	■	■	■	■
PETIT POIS					■
POIREAU					
POIS CHICHE	■	■	■	■	■
POIVRON					
POMME DE TERRE					
RADIS				■	■
SALADE					■
TOMATE					
THYM				■	■

JUIN
JUILLET
AOÛT
SEPTEMBRE
OCTOBRE
NOVEMBRE
DÉCEMBRE

Index des recettes
& tutos

TUTOS

RECETTES

Index des produits

PAR ORDRE ALPHABÉTIQUE

Remerciements

Arrivée au bout de ce livre, je voudrais en profiter pour remercier tous ceux qui m'ont aidée à le conclure, notamment ma famille et mes amis !

Mon mari et compagnon de route, Romain, toujours là pour moi et pour me motiver quand j'en ai besoin. Et qui, je sais, aujourd'hui est très fier de moi.

Mon fils, même s'il ne se rend pas compte de l'inspiration et de la force qu'il me donne au quotidien, qui a été un petit assistant photo parfait !

Mes parents qui ont été enthousiasmés dès le début par ce projet, qui me soutiennent et me poussent toujours plus loin.

Ma sœur, qui même à l'autre bout du monde, n'a pas caché sa fierté de me savoir réaliser ce rêve d'écrire un livre de cuisine.

Mes grands-parents, qui même s'ils ne sont plus là, ont beaucoup contribué à mon amour de la cuisine et de la transmission.

Mes amies à qui j'ai beaucoup parlé de ce nouveau bébé à venir et qui m'ont encouragée depuis les quatre coins de la France et du monde.

Merci à mon éditrice Jessica, et à toute l'équipe de Webedia Books, qui a accepté de se lancer avec moi dans ce projet, et qui m'a merveilleusement accompagnée durant toute la durée de son écriture.

Enfin, merci à vous tous qui lirez ce livre, j'espère qu'il sera plein de taches de sauce, de beurre ou de farine, preuve qu'il prend vie dans votre cuisine.

Marine

L'éditeur remercie chaleureusement Marine pour ses idées et son engagement sans faille dans ce projet, pourtant réalisé dans un contexte particulier. Un grand merci à l'équipe du BDAG, ainsi qu'à Keyza Romil pour son aide.

Crédits

Directrice
Aurore Charoy
Éditrice
Jessica Rostain
Photographies & stylisme
Marine Néglot
P. 6 : © **Sandrine Saadi**
Direction artistique & conception graphique
Le Bureau des Affaires graphiques (Clémence Boulay et Nicolas Heurteaut)

ISBN 978-2-38184-003-1
Dépôt légal 3e trimestre 2021

2 rue Paul-Vaillant-Couturier
92532 Levallois-Perret Cedex

Imprimé à Barcelone, sur du papier provenant de bois gérés de manière responsable.